*La littérature italienne*
*dans la même collection*

Arioste, *Roland furieux.*

Brancati, *Rêve de valse. – Le Vieux avec les bottes.*

Casanova, *Mémoires (1744-1756).*

Castiglione, *Le Livre du courtisan.*

Collodi, *Les Aventures de Pinocchio* (édition bilingue avec dossier).

Dante, *La Divine Comédie* (édition bilingue) : *L'Enfer. – Le Purgatoire. – Le Paradis.*

Da Ponte, *Trois Livrets pour Mozart* (édition bilingue) : *Cosi fan tutte. – Don Juan. – Les Noces de Figaro.*

Goldoni, *Arlequin serviteur de deux maîtres* (édition bilingue). – *Le Café. Les Amoureux* (édition bilingue). – *La Locandiera. Les Rustres. – La Plaisante Aventure. La Manie de la villégiature. Baroufe à Chioggia. L'Éventail. Le Bourru bienfaisant.*

Leopardi, *Canti* (édition bilingue).

Le Tasse, *La Jérusalem délivrée.*

Malaparte, *Sang et autres nouvelles.*

Moravia, *Agostino. – La Ciociara. – Le Conformiste. – L'Ennui. – Les Indifférents. – Le Mépris. – Nouvelles romaines.*

Pirandello, *Ce soir on improvise. Chacun à son idée. Six Personnages en quête d'auteur. – Feu Mattia Pascal.*

Sciascia, *La Disparition de Majorana. Les Poignardeurs. – Le Jour de la chouette.*

LEONARDO SCIASCIA

# LE JOUR DE LA CHOUETTE

*Traduit de l'italien*
par Juliette BERTRAND

*Nouvelle édition revue*
*par*
Mario FUSCO

*Introduction, bibliographie*
*et chronologie*
par Claude AMBROISE

GF Flammarion

Titre de l'édition originale
IL GIORNO DELLA CIVETTA

ISBN : 978-2-0807-0461-0

# INTRODUCTION

## Théâtre — Terreur — Témoin — Mémoire — Miroir — Texte

Parce que Sciascia est sicilien, je peux lui prêter une mémoire grecque des mots : qu'est-ce qu'un théâtre ? Un lieu où l'on regarde. Au lecteur qui vient d'ouvrir *Le Jour de la chouette*, les premières pages imposent un rôle de spectateur. Des images en grisaille captent son regard. On est dans les années 50, le film de cette histoire en noir et blanc a un début théâtral. Avec son église à deux clochers en fond de décor, la place du pays est un plateau réglé pour l'attente.

L'autocar démarre, un homme court, deux coups de feu, l'homme tombe, chacun s'immobilise dans le silence, le marchand s'éloigne vers la porte de l'église. L'homme qui courait était le lieu géométrique des trois regards du lecteur, du receveur, de l'assassin. Maintenant, le regard des témoins ne peut plus être que vide : sans vie.

Dans une « murder-party », il faut au moins quatre personnages : le mort, le meurtrier, le témoin, l'enquêteur. Sciascia, dans la première séquence du *Jour de la chouette* utilise les fonctions du roman policier à l'enseigne du manque.

L'assassin qu'on ne voit même pas s'enfuir est d'autant plus invisible que le meurtre se déroule sous les yeux du lecteur-spectateur en un classique début *in medias res.* Un cercle de badauds viendra cacher la victime. Les témoins ont un regard absent, ils s'abolissent, en une fuite discrète, quand surgit l'enquêteur. Le sous-officier des carabiniers n'est qu'un substitut impuissant. Rétrospectivement, sa présence signifie une absence : celle du vrai titulaire du rôle, le capitaine Bellodi dont Sciascia ménage l'entrée en scène.

Reste que le témoin est celui qui était là. Hors du coup, mais présent. Ce troisième, il va subsister au-delà de l'événement. Il est le survivant. On ne se souvient que si on a survécu et le témoin voit pour se souvenir. Sa fonction sera essentiellement rétrospective, la parole et la mémoire lui sont consubstantielles. Il se pose en s'opposant à la mort et à l'oubli.

Le témoin exige un interlocuteur, un autre qui l'entende. Dans le roman policier c'est l'enquêteur. Cette fonction, dans *Le Jour de la chouette*, est occupée par un capitaine des carabiniers. L'officier se nomme Bellodi. Un Italien peut jouer à décomposer ce nom. Dans *Bellodi*, il y a *bello* qui signifie *beau*, et *odi*, seconde personne du présent du verbe *udire* qui signifie *entendre.* L'audition des témoins est la grande activité de tout enquêteur qui se respecte. Et il lui arrive d'en entendre de belles. Dans la troisième séquence du roman, Bellodi (c'est ainsi qu'il se manifeste pour la première fois) est celui qui entend le rapport d'un de ses gradés. Dans *Le Contexte* (1971), Sciascia reprendra le procédé du nom révélateur de la fonction, en appelant son enquêteur Rogas (en latin, « tu interroges »).

Les quatre *emplois* du roman policier sont comparables aux masques de la *Commedia dell' arte*. Dans la « parodie » du *Contexte*, Sciascia s'est amusé à faire glisser les personnages sous les masques. Dans *Le Jour de la chouette*, paradoxalement, c'est le masque du mort qui échoit au témoin. Le meurtre sur la place publique n'est pas un simple assassinat, c'est aussi un acte terroriste. Les terrorisés sont les témoins. C'est en tant que témoins qu'ils doivent être terrorisés. Ainsi renoncent-ils à leur identité de témoin. Intérioriser la scène du meurtre, c'est s'identifier à la victime, c'est se vivre soi-même comme mort : gestes pétrifiés, regards opaques, visages de déterrés. Le terrorisme de la mafia frappe le témoin dans son essence, à ce mort en sursis la mémoire est arrachée. La parole ne pourra être que réticente : de la relation entre la violence meurtrière et l'énonciation du témoignage procède le texte du *Jour de la chouette*.

A la scène du meurtre en direct succède l'interrogatoire, toujours sur la place publique. A nouveau, il s'agit d'une scène de théâtre : le lecteur y voit jouer la comédie de la mémoire. Le déroulement de l'interrogatoire, sa singularité, s'expliquent par le fait qu'il pourrait fort bien être suivi de la répétition du crime. Car, dire la scène du meurtre, le répéter par la parole en nommant l'auteur de l'action, c'est s'exposer soi-même à prendre la place du mort. Tout discours du témoin est situé entre un meurtre advenu et un meurtre potentiel. La menace de mort, le témoin l'intériorise et il la manifeste par un refus d'être : lorsqu'on lui enjoint de jouer son personnage, il se récuse. Interrogé, le chauffeur ne se souvient de rien. Le receveur de même. Le marchand ambulant va au-delà de la simple négation. Placé dans la situation indiscutable de témoin, non seulement il feint de n'avoir rien vu ni rien entendu, mais en posant une question à qui l'interroge — *Parce qu'on a tiré ?* — il inverse les rôles. De questionné il se fait questionneur, une mémoire vierge devenant le masque du faux candide.

Si, d'un côté, le témoin est menacé de devenir victime, de l'autre, il se rapproche du criminel. Sa réticence fait qu'on le traite comme un coupable. La fuite, le silence, « l'amnésie », les réponses à côté expriment le refus d'être témoin. L'ordre terroriste de la mafia impose la loi du silence et aboutit à une culpabilité généralisée où chaque témoin, parce qu'il ne se souvient pas, ne parle pas, qu'il s'abolit, devient objectivement le complice des assassins.

Paolo Nicolosi est une victime de la mémoire. C'est comme si la mémoire avait partie liée avec le meurtre. En sortant de chez lui, il a rencontré l'assassin, les deux hommes se sont reconnus car le souvenir de la camaraderie d'enfance ne se gomme pas aisément. Le tranquille travailleur des champs n'arrivera jamais à la ferme où, de bon matin, il se rendait avec sa mule. Nicolosi a vu, il est tué. Le meurtre appelle le témoignage, la peur du témoignage la répétition du crime. L'expérience confirme que le témoin parle. Avant de disparaître, Nicolosi a eu le temps de parler à sa femme qui a fini par dire aux carabiniers ce qu'elle avait appris.

La veuve Nicolosi est l'unique femme de l'histoire. Comme tous les autres personnages, elle n'est interrogée qu'une fois par Bellodi. Cet interrogatoire est une scène de théâtre de la mémoire. Elle progresse normalement jusqu'à ce qu'un manque, peut-être induit par la précipitation même de l'enquêteur, n'apparaisse dans le discours de la femme. Un mot fait soudain défaut, qui est le nom de l'assassin présumé en même temps que le dernier mot d'un (mari) mort. Le piège de la comédie de l'oubli fait donc retour. Bellodi tente de le désamorcer par la séduction mondaine (il joue au détective de roman) et la philologie. La femme ayant avoué que le nom manquant est, en fait, un surnom, on lui suggère toute une série de surnoms siciliens. Rien n'y fait.

A l'opposé de Bellodi, le sous-officier des carabiniers, lui, croit que le témoin retrouvera la mémoire et la parole grâce à la manière forte. Il n'a pas tort, à en juger par l'effet obtenu avec la femme Nicolosi qui ne livre pas le nom que son mari lui a confié entre deux phrases bien tournées du capitaine Bellodi. Elle retrouve la mémoire quand le visage du sous-officier se fait menaçant.

Les paupières du brigadier sont deux fentes glauques, il se penche violemment en avant pour la regarder. Le rêve de Bellodi d'échapper, dans la pratique policière, au forceps de la violence apparaît comme un leurre. La veuve Nicolosi crache soudain le signifiant attendu : *Zicchinetta*.

*Zicchinetta* est une forme dialectale. Le mot italien est *Zecchinetta*. Il désigne un jeu de hasard que le lecteur peut associer aux *zecchini* (sequins) et pour lequel les étymologistes font appel aux lansquenets (*Lanzichenetti*). En français aussi, le lansquenet est un jeu de hasard. *Zicchinetta* est donc bien un surnom. En sicilien le surnom se dit *ingiuria* (injure) et le lecteur de Sciascia, à qui il est parfois demandé d'avoir des curiosités étymologiques, pense que dans *ingiuria* (injure) il y a *jus* (le droit). « L'injure » c'est la négation du droit.

Arraché à la mémoire de la veuve Nicolosi, le mot *Zicchinetta* est aussitôt emporté par le sous-officier des carabiniers. A ce nom en quête d'un référent, il faut une nouvelle mémoire. Premier essai : la mémoire villageoise. Le sous-officier se rend chez le coiffeur du pays et en sort bredouille : *Zicchinetta* n'appartient pas à la mémoire de S., le village où le crime a été commis. Rien d'étonnant : comme Nicolosi, l'homme qui porte le surnom de Zicchinetta est de B. Effectivement à B., dans cette autre mémoire qu'est le fichier local des carabiniers il y a un dossier au nom de Diego Marchica dit Zicchinetta. Joueur, Marchica pratique la *Zecchinetta* au cercle des chasseurs. Dans le dossier figure toute une série d'autres informations sur la carrière criminelle du personnage : vols à main armée, meurtres, procès, probables protections politiques... rien ne manque. La mémoire judiciaire de Diego Marchica — son identité de personnage connu des carabiniers — est tout entière là. Il n'y a plus qu'à l'arrêter : au cercle des chasseurs, à une table de jeu.

La veuve Nicolosi est un témoin au second degré puisqu'elle rapporte une information qui lui a été transmise par un témoin direct, son mari. C'est le hasard qui a fait des Nicolosi des témoins. L'indicateur (*il confidente*) Dibella, surnommé *Parrinieddu* (le petit prêtre, en dialecte) est, au contraire, un professionnel du témoignage. Il recueille des informations sur le monde de la criminalité et il les transmet aux carabiniers. Ce sera aussi la troisième victime. Sa mort se situe juste au milieu du roman qui est construit avec une telle rigueur que chaque événement peut être lu en fonction de la structure très apparente du récit. Le roman compte dix-sept séquences, Calogero Dibella est tué dans la neuvième. Il s'agit bien de séquences et non pas de chapitres. Sciascia entend être le plus filmique possible : stylo-caméra, liaisons obtenues par transposition de procédés de montage cinématographique.

A partir de la troisième séquence, séquences impaires et séquences paires s'opposent. Dans la première série, Bellodi est présent, il est le protagoniste qui mène l'enquête dans un cadre légal. Dans la seconde, on échappe à la loi, la mafia est à l'œuvre. Ce découpage rigoureux, qui souligne que l'enquêteur est loin d'être tout puissant, est également un signe du dualisme auquel obéissent l'idéologie et l'imaginaire sciasciens. Le blanc qui sépare les séquences signifie à la fois que tout n'est pas dans le texte (il y a des épisodes non dits) et qu'une ligne de démarcation existe entre deux camps, même si la coupure ne coïncide pas nécessairement avec l'officialité puisqu'il existe des députés et des fonctionnaires mafieux. Dans la mesure où il s'est installé dans l'entre-deux, Dibella est un personnage singulier. La huitième séquence s'achève sur le rituel de sa condamnation. Pris de court, Bellodi ne parviendra pas à assurer la protection de son indicateur.

Si Dibella est bien tué sur le seuil de sa maison, sa mort il la portait en lui depuis longtemps. Il somatisait son angoisse. Le texte dit que la peur l'habite comme un chien enragé, que son cœur est comme un lapin dans la gueule d'un chien. Après avoir donné à Bellodi un premier nom (en fait deux, mais un seul est bon), Dibella va entrer en agonie, se désignant lui-même aux coups de ses assassins. Témoin professionnel, il a pleinement intériorisé la scène du meurtre, possédé par son personnage, il joue impeccablement le rôle du mort.

Pour l'enquêteur et pour le lecteur, la mémoire du témoin est un miroir magique où l'on désire voir se dérouler la trame criminelle et au fond duquel il y a le trou de la mort qui structure les événements dans leur enchaînement. Bellodi interroge le miroir de ses témoins qui peut mentir. Et les témoins sont plusieurs comme si le miroir était brisé. *Specchio* (le miroir) et *spia* (l'espion) ont la même étymologie. Dibella est un espion qu'un étrange jeu de miroir lie à Bellodi.

N'est pas magique le seul miroir utilisé dans l'art de la divination, pour faire apparaître des personnes ou des choses absentes. L'effet de magie réside dans la spécularité elle-même : Dibella/Bellodi. L'anagramme imparfait contient un début d'inversion spéculaire syllabique et le couple restitué Dibella/di-Bello suggère une opposition féminin/masculin du type Papageno/Papagena. Quand il interroge son indicateur, le capitaine des carabiniers finit par agir à la manière d'un oiseleur : « le petit prêtre » est littéralement séduit par la voix et le blèsement de son interlocuteur. Pour Dibella, en arriver à livrer le nom des agents de la trame criminelle c'est être pris au miroir aux alouettes. Et, pour l'alouette, le miroir est une promesse de mort.

Bellodi n'échappe pas, lui non plus, à l'emprise du miroir. La figure de l'indicateur répugne à l'officier, mais on se voit toujours au miroir de l'autre. Les ultimes salutations que lui a adressées le *confidente* émeuvent l'officier des carabiniers qui les reçoit par lettre alors que le témoin professionnel a déjà quitté *la scène du monde* (l'expression est dans le texte). La bisémie de *confidenza* (confidence et familiarité) éclaire la relation entre l'enquêteur et le *confidente*. Dibella est, lui aussi, un homme, le semblable de Bellodi.

Effet de miroir à nouveau dans l'interrogatoire

de Don Mariano Arena où Sciascia utilise le face-à-face et la théâtralité du genre policier :

... *Même si vous arrivez à me clouer à ces paperasses comme Jésus à sa croix, vous, vous êtes un homme*, dit le chef mafieux.

— *Vous aussi*, lui répond le capitaine des carabiniers.

L'interrogatoire des coupables (présumés) occupe la onzième et la quinzième séquence du roman. La onzième (interrogatoires jumelés de Marchica et de Pizzuco) fait voir l'engendrement du témoignage et des textes à l'intérieur d'un espace théâtral en miroir. Plus d'improvisation sur la place du village, l'intérieur d'une caserne est devenu un décor fonctionnel, le capitaine Bellodi est à la fois un comédien consommé et un habile metteur en scène, il joue avec la mémoire de l'interlocuteur et tire parti du vrai comme du faux. Les coupables ignorent qu'ils sont au théâtre, ils croient pouvoir jouer innocemment leur personnage. Un paradoxe les prend au piège : du faux sort le vrai.

Théâtre dans le théâtre, le dispositif scénique est élémentaire et efficace. Trois personnages placés dans un espace actualisent trois pratiques linguistiques : interroger, répondre, transcrire. Celui qui subit l'interrogatoire voit, dans un second espace, trois autres personnages incarner ces mêmes fonctions. Marchica est présent dans le premier espace, où on l'interroge, mais il est aussi là-bas, au-delà de la fenêtre éclairée, se mirant, malgré lui, dans son complice Pizzuco en train de subir, apparemment, un sort identique au sien. Grâce à ce stratagème qui, au lecteur-spectateur du *Jour de la chouette* apparaîtra comme une mise en scène de l'écriture, Bellodi et ses carabiniers entendent extorquer aux deux assassins (présumés) un texte qui soit une étape vers la vérité.

Dans un roman policier, l'enquêteur doit parvenir à produire un texte. C'est en vue de ce texte, son texte, qu'il suscite les témoignages, les oppose les uns aux autres, afin d'en tirer un témoignage absolu qui s'impose à tous et qui est la solution de l'énigme policière, à savoir le récit véridique du meurtre avec la désignation de l'assassin. Dans la onzième séquence du *Jour de la chouette*, la production des textes décrite à ce moment de l'enquête voudrait être une étape vers la résolution finale de la « detective-story ».

Si le témoin risque de parler, l'homme de la mafia se doit de ne pas parler car cela fait partie de son code de comportement. Don Mariano Arena (quinzième séquence) ne passera pas aux aveux. Mais le risque existe. Il ne préoccupe pas que ceux qui sont en prison. Ceux qui doivent les en faire sortir sont également inquiets (quatorzième séquence), car la mafia est une société. Si l'action criminelle n'est pas individuelle, la confession devient dénonciation. D'où l'importance du couple complicité/trahison. Aveuglé par la vengeance, Marchica avoue, pour mieux perdre un complice devenu, croit-il, un traître, Samson et les philistins servant, rhétoriquement, de paradigme à ce geste. Plus serein, Pizzuco ne vise qu'à tirer son épingle du jeu en faisant retomber toute la responsabilité sur son complice.

Pour la réussite de sa manœuvre, Bellodi semble tout miser sur l'imaginaire. Marchica n'entend pas Pizzuco, il le voit seulement, c'est pour lui une image dans le cadre d'une fenêtre. Le dire de Pizzuco, qu'il n'entend pas, il va donc l'imaginer. Plus précisément, il s'imagine lui-même dans ce dire en tant que sujet du discours de son complice. Quand il se décide à parler, spéculairement, il tient lui-même un discours dans lequel il se comporte, à l'égard de Pizzuco, de la même façon qu'il imaginait que celui-ci s'était comporté à son endroit. Pizzuco, l'acteur, a été, à son corps défendant, un leurre. Marchica se laisse prendre à ce leurre, il l'investit de sa violence, il s'y identifie.

Mais l'enjeu de la lutte est textuel. C'est un combat à trois : l'opposition Marchica/Pizzuco n'a pas à masquer l'antagonisme carabiniers/mafia. Bellodi entend obtenir des témoignages qui soient aussi des confessions, c'est-à-dire des textes signés par les auteurs des crimes. A cet effet, il mise sur la fiction. Plus précisément, sur un type particulier de fiction : la feinte. Dans la conception et la naissance de ces confessions, un texte fictif, « un texte de fiction », imaginé et rédigé par les carabiniers, et dont le dispositif scénique dans la caserne a pour but d'attribuer à Pizzuco la paternité, joue un rôle décisif. C'est le vrai leurre, justement parce qu'il est faux, dans son contenu même, du moins en partie.

La tromperie ne serait pas possible sans une manipulation sur le langage rendue efficace par la dissociation entre l'oral et l'écrit. (L'opposition écrit/oral recoupe, dans le roman, l'antagonisme Etat/mafia.) La forme écrite permet aux carabiniers un numéro de prestidigitation. En revanche, obnubilé par ce qu'il imagine avoir été le comportement de son ex-complice, Marchica, victime des possibilités offertes par la lecture, ne peut pas se rendre compte d'un manque : la signature, marque corporelle de celui qui a produit le texte et qui l'authentifie.

La production textuelle ne renvoie pas directement à la « réalité » : trame criminelle, crimes eux-mêmes. Le texte de Marchica se construit par rapport au texte supposé être celui de Pizzuco. Et Pizzuco construit son propre texte — le Pizzuco authentique — en fonction de celui de Marchica. Un texte renvoie à un autre texte. Pas à son auteur. C'est tellement vrai qu'il peut être fabriqué. Une image rend peut-être la relation du sujet à son texte : un filet où il se perd.

La structure spéculaire reste dominante. Elle permet à Sciascia de faire montre de ses talents peu communs en matière de pratique de la réécriture. Elle offre également au lecteur la possibilité de faire usage de sa mémoire et de sa sagacité dans la comparaison des textes qu'il a sous les yeux. La spécularité est lisible au niveau de la production des textes puisque le texte de Marchica est comme le vis-à-vis du texte du pseudo-Pizzuco et que le vrai Pizzuco est, à son tour, le vis-à-vis du texte de Marchica. Dit autrement : le pseudo et le vrai Pizzuco, « le texte de fiction » et le texte authentique sont symétriques par rapport au texte de Marchica. En matière de contenu, de renvoi au réel supposé, fonctionne un jeu d'oppositions, de symétries et d'inversions, où le lecteur a l'agaçant plaisir de se perdre, s'il est moins bon calculateur que Sciascia.

Produire un texte c'est produire de la violence. Chez Marchica le désir homicide se déplace de l'acte meurtrier à la production du texte : « *je te ferai payer ça de mes propres mains ou des mains de quelqu'un d'autre* », dit-il dans sa sous-conversation alors qu'il se voit dénoncé par Pizzuco. Une main qui signe au lieu d'une main qui frappe réglera finalement son compte au délateur. Le meurtre et la production du texte obéissent à la même pulsion.

La ligne du Pizzuco authentique coïncide curieusement avec celle du pseudo-Pizzuco, encore qu'il n'y soit pas fait allusion au second meurtre, dont est accusé le complice de Marchica. Pizzuco doit aussi se justifier relativement à l'arme du crime retrouvée dans des circonstances compromettantes pour lui et susceptibles de constituer une preuve objective en faveur des accusations qui lui sont adressées. Son texte censure donc totalement ce qui le définit comme meurtrier. N'avait-il pas déclaré à Bellodi avec emphase que, pour lui, la vie d'un homme était chose sacrée ? Mais ce qui a été tu revient, passant du contenu à la forme : si le texte de

Marchica était l'arme de la vengeance, contre Marchica, Pizzuco retourne l'arme du texte.

La lumière du jour n'aveugle que les chouettes, il est clair comme le jour que Don Mariano Arena, Pizzuco et Marchica sont les responsables des crimes sur lesquels enquête Bellodi, que la mafia est là, à l'œuvre. Pour Sciascia qui, sur ce point essentiel n'est pas pirandellien, il est possible de savoir la vérité. Dans *A chacun sa vérité*, la certitude était ontologiquement impossible à atteindre. La vérité restait voilée, c'était s'épuiser en vain que de chercher à la saisir, toute solution de l'énigme étant destinée à être sapée par le doute qu'introduisent une nouvelle information ou un nouvel argument. Il en va autrement dans *Le Jour de la chouette*. Les témoignages réticents, les défaillances, les négations laissent apparaître, au travers du texte qui se fait et se défait, la vérité.

Contrairement à ce qui advient dans le roman policier classique, avec Sciascia, l'histoire ne s'achève pas par un récit où l'enquêteur explique comment le crime s'est passé, qui l'a commis, comment il a été organisé et comment le ou les coupables ont tenté, sans succès, de se soustraire à la police. Ici, c'est au lecteur qu'il incombe de reconstruire tout cela, avec son intelligence et les éléments qui lui sont fournis. Quant au récit conclusif, il est remplacé par un apologue en forme de « bonne histoire » que l'enquêteur raconte dans une soirée entre amis à Parme. Cette anecdote, bien qu'elle en dise long sur la mafia, est sans rapport factuel avec les trois crimes sur lesquels Bellodi a enquêté. L'histoire, donnée pour authentique, est une bonne histoire. La bonne histoire est un genre mineur de la littérature orale. L'enquêteur ne serait-il plus qu'un conteur ?

Toujours dans le policier classique, la solution de l'enquête entraîne l'arrestation du ou des coupables. Le dire du détective s'achève en *performatif :* « Je vous arrête au nom de la loi ». Dans *Le Jour de la chouette*, les assassins sont relâchés car le juge d'instruction retient comme pleinement recevable un témoignage qui assure à Marchica un alibi inattaquable. Le témoignage est, certes, le nœud de cette histoire, mais celui qui mène l'enquête ne le dénoue pas. Le témoignage est faux et il prime. Car ceux qui l'ont porté sont au-delà de tout soupçon. Ils font autorité tandis que Bellodi — le serviteur de la loi et de l'Etat — ne fait pas autorité.

Rétrospectivement, le lecteur sent le poids des séquences paires du roman. La première où apparaissent des *mafiosi*, la quatre, se déroule à Rome : dans un café, un député (on ne découvre qu'il s'agit d'un député qu'avec le final du dialogue où apparaît dans le texte italien le mot *Onorevole* qui désigne un membre de la chambre) s'entretient avec un émissaire du secteur où opère Bellodi, venu se plaindre des agissements de l'officier des carabiniers. Pareillement, la dernière séquence paire du roman se passe à Rome, non plus dans un café, mais à la chambre des députés. C'est une séance d'affrontements, le gouvernement répond à une interpellation sur la mafia. Le point de vue sur l'assemblée est celui de deux *mafiosi* venus chercher des appuis à Rome et auxquels leur ami *onorevole* a fourni deux billets pour assister à la séance. *Ils étaient absents du pays depuis deux jours : ils avaient déjà parlé avec deux avocats experts en droit pénal, un ministre, cinq ou six députés, trois ou quatre personnes recherchées par la police...*

*Onorevole*. A côté de ce terme, dans le texte italien du *Jour de la chouette* apparaît également *Eccellenza*. Ce titre a connu, sous le fascisme, une certaine inflation. Théoriquement aboli depuis 1945, il continue à appartenir à la pratique courante. Un dictionnaire récent indique que *Eccellenza* est applicable aux ministres, aux hauts fonctionnaires, aux officiers généraux et autres dignitaires. *Onorevole* et *Eccellenza* désignent les sommets de l'Etat. Par ailleurs, les personnages apparaissant dans les séquences paires sont désignés de façon anonyme. La perte du repère de la nomination individuelle rend la lecture problématique. Ces séquences, généralement plus courtes, suscitent une sensation de brouillage, d'interférence, de complot. L'anonymat introduit à l'anomie. Le gommage systématique de l'individualité liée au nom patronymique souligne la capillarité socio-politique du phénomène de la mafia.

S'il était un écrivain banal, Sciascia aurait fait de Bellodi une victime. Bien que l'appareil mafioso, cette longue chaîne qui va du meurtrier au ministre, se soit mobilisé contre lui, le capitaine n'a été ni muté ni sanctionné. Il est vrai qu'il semble à bout de forces. Mais c'est bien lui qui a demandé la permission qui le tient éloigné du lieu de son enquête. Et rien ne semble devoir s'opposer à sa résolution de retourner en Sicile. En revanche, dans la mesure où, aux yeux du juge d'instruction, son enquête ne fait pas le poids, il expérimente une impuissance à laquelle toute une structure socio-politique l'a acculé. Là gît la signification idéologique du roman.

Le texte de Bellodi est inachevé, récusé, récusé parce que inachevé, inachevé parce que voué à la récusation. Tel est le contexte, en Sicile, dans les années 50. Sciascia, l'auteur, construit son propre texte à partir du texte avorté de Bellodi. La littérature est appelée par un vide institutionnel. Non pas que l'écrivain se substitue à l'enquêteur comme ce sera, d'une certaine façon, le cas avec *L'Affaire Moro* (1978). Mais, *Le Jour de la chouette*, cet écrit littéraire, permet au texte de Bellodi, qu'aucune autorité ne soutient, d'exister, avec ses lacunes, qui ne sont plus la marque d'une impuissance subjective, mais qui deviennent, objectivement, signifiantes par rapport à une société et à son histoire. Que cet écrit soit une fiction est indifférent. C'est, en un sens, une tentative de provocation à la manière du faux-Pizzuco. En aucun cas, il ne s'agit de boucher les lacunes, les manques repérables au niveau de la société civile et de l'Etat, ou de leurs rapports, par la véhémence d'un discours engagé.

Par sa forme d'abord, *Le Jour de la chouette* témoigne. Le roman policier est une invention positiviste : on peut savoir, savoir et vérité c'est tout un. La structure du roman policier traditionnel sert bien de support à l'histoire que Sciascia raconte. C'est une épure, un filigrane, dont la lisibilité est constamment soulignée, par l'ironie en particulier. Par rapport à ce modèle, à tous les niveaux, des manques apparaissent. Une piste : on peut lire le texte en se guidant sur la série lexicale : *défaut, défaillance, faute, faux, il faut...*

Au niveau du contenu, *Le Jour de la chouette* est, comme la plupart des textes de Sciascia, un fragment de mémoire de la Sicile qui s'ancre profondément dans le langage. L'interrogatoire de la veuve Nicolosi avec le défilé des *ingiurie* en est une illustration. Ce n'est pas un épisode isolé.

Non loin du lieu un peu mystérieux, appelé *Chiarchiaro*, où est retrouvé le cadavre de Paolo Nicolosi, il y a une ferme avec un chien qui aboie contre l'officier des carabiniers. Le chien s'appelle *Barruggieddu*, le paysan dit qu'il est méchant. Bellodi qui a la marotte du langage populaire — c'est son hobby d'enquêteur de roman policier — s'enquiert du sens de ce nom à la consonance étrange. Non sans réticences, on lui explique que le mot désigne quelqu'un de méchant, la méchanceté de l'homme qui commande *car dans le temps, les Barruggieddi ou Bargieddi commandaient aux pays et expédiaient les gens à la potence par goût de la méchanceté. — J'ai compris — dit le capitaine — ça veut dire Bargello : le chef des sbires.* Effectivement, un *Bargello* (le mot est d'origine germanique), au Moyen Age, c'était une sorte de commissaire de police.

Ce nom donné à un chien c'est la mémoire de la Sicile : mémoire de la violence subie, de la férocité du pouvoir, intériorisée par les victimes et devenue langage. Pour tous les personnages du roman, à l'exception de Bellodi qui, au contraire, se veut le garant de la loi, l'autorité s'identifie toujours à l'arbitraire, à l'irrationnel, à la négation de la notion de loi. Le meurtre et la terreur sont aussi les visages du pouvoir politique.

Les *Bargelli* ont eu des successeurs. Dans la lutte, non dépourvue d'efficacité, que, sous le fascisme, le préfet Mori mena contre la mafia, les procédés qu'aujourd'hui nous dirions attentatoires aux droits de l'homme, furent monnaie courante. Dans la réussite policière de Mori, Bellodi est tenté de voir la cause de l'attachement des Siciliens au fascisme qui les avait débarrassés de la tyrannie de la mafia. Un court instant, lorsque son indicateur est assassiné, il souhaite, lui aussi, comme ses sous-officiers, qu'une suspension des droits constitutionnels donne à la force publique les pleins pouvoirs pour venir à bout de l'organisation criminelle qui gangrène l'île. Du côté des *mafiosi*, la répression du « préfet de fer » n'a pas été oubliée non plus. Don Mariano Arena, le mandant des crimes sur lesquels enquête Bellodi, rappelle au capitaine des carabiniers que, jadis, il a reçu « une offense pire que la mort » : un officier l'a giflé, il a subi des sévices.

Plusieurs scènes du *Jour de la chouette* sont construites à partir de dictons ou d'expressions populaires d'origine dialectale, comme si le dialecte était, dans la texture du roman, la mémoire de l'italien. Mais, d'autre part, dans un dicton ou dans une expression, est déposée une expérience toujours prête à se répéter, indépendamment même de la volonté de chaque individu. Un élément figé du langage guide inconsciemment les comportements et gouverne la situation. Cette mémoire, consubstantielle au langage — langage et mémoire deviennent des équivalents — n'est pas liée à un épisode précis du passé. Comme la violence, elle est structurale et douée d'un automatisme de répétition.

Toute une séquence du roman — la troisième — est réglée par le dicton de l'écriture : *Blanche campagne, noire semence :/celui qui la fait toujours la pense.* Apparemment, il est question de l'emprise de la mafia sur les activités du bâtiment. Mais, masqué, le thème de la lettre anonyme structure l'épisode. La lettre anonyme est une pratique particulière de l'écriture. C'est grâce à une utilisation perversement habile de cette pratique que Giuseppe Colasberna, le frère de la première victime, et Bellodi parviennent à communiquer. En quelques pages, le lecteur-spectateur assiste à la mise en scène, à une représentation du dicton de l'écriture. Encore une fois, le metteur en scène a choisi l'éclairage de la terreur. Le texte de la séquence ne cesse de redire que l'écriture est terrorisante. (Et si *Le Jour de la chouette* était une confession de l'écrivain Sciascia autant qu'un roman de mafia ?)

*Le Jour de la chouette* fait de Sciascia un auteur. Il s'agit du plus populaire de ses livres. Des livres un auteur tire son autorité. Ce sont ses livres qui font élire Sciascia député en 1979. Il a été *Onorevole*, siégeant dans cette chambre des députés décrite dans l'avant-dernière séquence du roman de 1961 et s'y consacrant essentiellement aux travaux de la commission d'enquête sur l'enlèvement et l'assassinat d'Aldo Moro. Sciascia n'a pas écrit que sur la mafia, cette réputation de *mafiologue* l'irrite. Mais, dès que la mafia apparaît sur la scène de l'actualité, les journalistes courent à Racalmuto ou à Palerme interviewer l'auteur du *Jour de la chouette*.

C'est ce qui s'est produit, par exemple, quand a été assassiné (3 septembre 1982) le général Dalla Chiesa, préfet de Palerme. Selon Sciascia, le général lui-même semblait s'identifier à Bellodi… La précision philologique oblige à dire que la « source » du personnage était un autre officier des carabiniers, Renato Candida, auteur d'un livre intitulé *Questa mafia* (1956). Aujourd'hui (1986), Sciascia suit le maxi-procès contre la mafia, à Palerme, et il le commente sur les colonnes du *Corriere della Sera*. Ses propos étonnent par leur intelligence et par la connaissance du phénomène de la mafia. Ce n'est plus de la mafia rurale des années 50 dont il s'agit. Mais

Sciascia, dans ses récits, ses articles, enseigne la nécessité d'une double attention aux constantes comme aux métamorphoses de la réalité mafieuse. On revient toujours au *Jour de la chouette* comme à un repère.

Claude AMBROISE.

# LE JOUR DE LA CHOUETTE

... Comme la chouette quand elle se montre le jour.

SHAKESPEARE, *Henry VI*.

L'autobus allait partir ; il grondait sourdement avec de brusques toussotements, de brusques hoquets. Dans le gris de l'aube, la place était silencieuse, la brume s'effilochait sur les clochers de la cathédrale. Rien que ce grondement de l'autobus et la voix du marchand de beignets : chauds, tout chauds, les beignets, implorante et ironique. Le receveur ferma la portière ; l'autobus s'ébranla avec le bruit d'une carcasse démantibulée. Le dernier coup d'œil du receveur tomba sur un homme en costume sombre qui arrivait en courant. Le receveur dit au conducteur : « Un instant », et il ouvrit la portière avant même que l'autobus ne fût arrêté. On entendit deux coups retentissants ; l'homme au costume sombre, qui allait sauter sur le marchepied, resta un instant en l'air comme si une main invisible le hissait par les cheveux ; sa serviette lui échappa des mains et, lentement il s'affaissa sur la serviette.

Le receveur jura et sa figure prit la couleur du soufre. Il tremblait. Le marchand de beignets qui se trouvait à trois mètres de l'homme écroulé s'éloigna du côté de la porte de l'église avec une reptation de crabe. Dans l'autobus, personne n'avait bougé ; le chauffeur semblait pétrifié, la main droite sur le frein, la gauche sur le volant. Le receveur regarda toutes les figures des voyageurs qui semblaient sans regard : des figures d'aveugles. Il dit : « On l'a tué », souleva sa casquette, commença à se passer la main dans les cheveux d'un geste frénétique et jura encore.

— Les carabiniers, dit le conducteur. Il faut appeler les carabiniers.

Il se leva, alla ouvrir l'autre porte et dit au receveur : « J'y vais. »

Le receveur regardait alternativement le mort et les voyageurs. Il y avait aussi quelques femmes dans l'autobus, des vieilles qui apportaient tous les matins en ville des sacs très lourds de toile blanche et des paniers remplis d'œufs. Leurs robes exhalaient une odeur de trigonelle, d'étable et de bois brûlé ; habituellement, elles ne cessaient de pousser des lamentations et des imprécations ; maintenant, elles gardaient le silence ; leurs figures semblaient exhumées d'un silence séculaire.

— Qui est-ce ? demanda le receveur en indiquant le mort.

Personne ne lui répondit. Le receveur jura. C'était un blasphémateur célèbre parmi les voyageurs de cette ligne : un blasphémateur inspiré ; on l'avait déjà menacé de le congédier, car il était tellement endurci dans son vice qu'il ne tenait pas du tout compte de la présence de prêtres ou de religieuses dans son autobus. Il était de la province de Syracuse et n'avait donc pas beaucoup d'expérience en fait d'assassinats ; c'est une province stupide que la province de Syracuse ; aussi n'en jurait-il qu'avec plus de fureur.

Les carabiniers arrivèrent, le brigadier était tout noir de poils de barbe et de sommeil. L'apparition des carabiniers fonctionna comme un signal d'alarme pour tirer les voyageurs de leur léthargie : tout le monde se mit à descendre derrière le dos du receveur, par l'autre portière que le conducteur avait laissée ouverte. Avec une indolence apparente, non sans se retourner comme pour chercher le meilleur point de vue pour admirer les clochers, ils s'éloignaient vers le pourtour de la place, jetaient un dernier coup d'œil et tournaient quelque coin de rue. Ni le brigadier ni les carabiniers n'avaient remarqué autour d'eux cette auréole de fuite lente. Maintenant une cinquantaine de personnes entouraient le mort ; c'étaient les ouvriers d'un chantier-école qui jubilaient d'avoir trouvé un si bon sujet de conversation pour leurs huit heures de désœuvrement. Le brigadier ordonna aux carabiniers de faire évacuer la place et de faire remonter les voyageurs sur l'autobus. Les carabiniers commencèrent à refouler les curieux vers les rues débouchant sur la place. Et tout en les refoulant, ils demandaient aux voyageurs de remonter dans l'autobus. Quand la place fut vide, l'autobus se trouva également vide, il n'y restait que le conducteur et le receveur.

— Comment, demanda le brigadier au

conducteur, vous n'aviez aucun voyageur aujourd'hui ?

— Il y en avait quelques-uns, lui répondit le conducteur avec la figure d'un homme dépourvu de mémoire.

— Quelques-uns, lui fit remarquer le brigadier, ça veut dire quatre, cinq, six personnes. Je n'ai jamais vu cet autobus partir avec une seule place libre.

— Je ne sais pas, dit le chauffeur tout crispé dans l'effort de se souvenir. Je ne sais pas. Quand je dis « quelques-uns », c'est façon de dire ; bien sûr qu'ils n'étaient pas seulement cinq ou six ; ils étaient davantage ; peut-être que l'autobus était plein. Je ne regarde jamais les gens qui sont là ; je m'enfile à ma place et je démarre... Je ne regarde que la route. Je suis payé pour regarder la route.

Le brigadier passa sur sa figure une main tiraillée par les nerfs.

— Je vois, dit-il ; tu ne regardes que la route. Mais toi, dit-il en se tournant vers le receveur d'un air furieux, toi tu donnes les billets, tu prends l'argent, tu rends la monnaie, tu comptes les personnes et tu les regardes en face... Si tu ne veux pas que je rafraîchisse tes souvenirs en te mettant au trou, tu vas me dire immédiatement qui se trouvait sur l'autobus. Il faut me dire au moins dix noms... Voilà trois ans que tu es sur cette ligne, voilà trois ans que je te vois tous les jours au café Italia ; tu connais le pays mieux que moi.

— Personne ne peut connaître le pays mieux que vous, dit le receveur avec un sourire, comme pour répondre à une politesse.

— D'accord, dit le brigadier en ricanant. J'ai le premier rang et toi tu viens après. D'accord. Mais, moi, je n'étais pas sur l'autobus, sans quoi je me rappellerais un à un tous les voyageurs qui s'y trouvaient. C'est donc à toi de m'en nommer au moins dix.

— Je ne m'en souviens pas, dit le receveur. Sur l'âme de ma mère, je ne m'en souviens pas. En ce moment je ne me souviens de rien. J'ai l'impression de rêver.

— Je vais te réveiller, moi, je vais te réveiller, dit le brigadier exaspéré. Avec deux ans de travaux forcés, je te réveillerai.

Mais il s'interrompit pour se porter à la rencontre du commissaire qui arrivait. Tandis qu'il renseignait celui-ci sur l'identité du mort et la fuite des voyageurs, en regardant l'autobus, il eut l'impression de quelque chose de changé ou d'absent ; c'était comme lorsqu'un je-ne-sais-quoi vient brusquement à manquer à nos habitudes, une chose que l'accoutumance a si bien gravée dans nos sens qu'elle n'arrive plus à notre esprit, mais dont l'absence crée un petit vide qui nous déroute, comme une intermittence de lumière qui nous exaspère, jusqu'à ce que la chose que nous cherchions se reforme brusquement dans notre mémoire.

— Il manque quelque chose, dit le brigadier au carabinier Sposito dont le diplôme de comptable avait fait le pilier de la gendarmerie de S. Il manque quelque chose, ou quelqu'un.

— Le marchand de beignets, dit le carabinier Sposito.

— Diable ! Le marchand de beignets ! dit le brigadier, triomphant.

Et, fier de l'enseignement de son pays, il se dit qu'on ne le donnait pas au premier venu, le diplôme de comptable.

On envoya à toute vitesse un carabinier harponner le marchand de beignets ; il savait où le trouver, car, habituellement, le premier autobus parti, l'homme allait vendre ses beignets chauds dans la cour d'une école primaire. Dix minutes plus tard, le brigadier avait devant lui le marchand de beignets : il avait la tête d'un homme réveillé du plus innocent sommeil.

— Y était-il ? demanda le brigadier au receveur, en lui désignant le marchand de beignets.

— Il y était, répondit le receveur, en regardant son soulier.

— Donc, proféra le brigadier avec une douceur paternelle, ce matin, comme d'habitude, tu es venu vendre tes beignets ici : au premier autobus pour Palerme, comme d'habitude.

— J'ai ma patente, dit le marchand.

— Je sais, dit le brigadier en levant les yeux vers le ciel pour implorer de lui la patience. Je sais. Je ne m'occupe pas de la patente. Je ne veux savoir qu'une chose ; tu vas me la dire et je te laisse tout de suite repartir vendre tes beignets aux enfants. Qui a tiré ?

— Pourquoi ? demanda le marchand de beignets d'un air aussi intéressé que surpris. On a tiré ?

— Oui. A six heures trente. Du coin de la via Cavour. Deux coups de chevrotines « a lupara[1] », soit d'un calibre douze, soit d'un fusil à canons sciés... Aucun de ceux qui étaient dans l'autobus n'a rien vu. J'ai eu un travail de chien pour savoir qui était dans l'autobus ; quand je suis arrivé, tout le monde s'était envolé... Un homme qui vend des beignets s'est souvenu — mais seulement au bout de deux heures — qu'il avait vu au coin de la via Cavour et de la place Garibaldi quelque chose comme un sac de charbon appuyé au mur de l'église et, à ce qu'il dit, il a vu partir deux éclairs de ce sac de charbon ; il a même promis à sainte Fara un boisseau de pois chiches parce que c'est un miracle, dit-il, que, rapproché comme il l'était du point visé, les balles ne l'aient pas atteint. Le receveur n'a même pas vu le sac de charbon. Les voyageurs, ceux qui étaient assis à droite, disent que les vitres semblaient avoir été dépolies tant elles étaient embuées... Oui, c'était le président d'une société de construction ; une petite coopérative ; il semblerait qu'il n'ait jamais pris d'adjudication pour une somme supérieure à vingt millions. Des petits lotissements pour maisons ouvrières, des tout-à-l'égout, des voies de communications intérieures... Salvatore Colasberna : Co-la-sber-na. Il était maçon, il n'y a que dix ans qu'il a créé cette coopérative avec ses deux frères et quatre ou cinq autres maçons du pays. C'était lui qui dirigeait les travaux, bien qu'il y eût à leur tête, pour la

1. « a lupara », comme pour la chasse aux loups.

forme, un géomètre-arpenteur, et c'était aussi lui l'administrateur... Ça marchait comme ça pouvait. Ses associés et lui se contentaient d'un petit bénéfice, comme des salariés... Non, il ne semble pas qu'ils aient fait de ces travaux qui se liquéfient à la première pluie... J'ai vu une ferme toute neuve défoncée comme une boîte de carton parce qu'une vache s'était frottée contre... Non... c'était l'entreprise Smiroldo qui l'avait construite : une grande entreprise de constructions ; une ferme défoncée par une vache... Colasberna, à ce qu'on m'a dit, faisait des choses solides ; et, réellement, nous avons ici la via Madonna di Fatima, qui a été faite par son entreprise ; avec tous les camions qui y passent, elle ne s'est pas affaissée d'un centimètre ; alors qu'il y a d'autres rues, faites par des entreprises plus importantes, qui font le dos de chameau au bout d'un an... S'il avait quelque chose sur son casier ? Oui. En dix-neuf cent quarante... c'est ça, quarante, le 3 novembre dix-neuf cent quarante... il voyageait en autobus, on dirait que les autobus lui portaient malheur, on parlait de la guerre que nous avions déclarée à la Grèce, quelqu'un disait : « Nous l'avalerons en quinze jours » il voulait dire : la Grèce, alors Colasberna fait : « C'est donc un œuf ? » Il y avait un milicien sur l'autobus ; le milicien l'a dénoncé... Comment ?... Je vous demande pardon, mais vous me demandez s'il avait quelque chose sur son casier ; moi, les papiers en main, je vous réponds : oui... C'est bon, ça ne compte pas, il n'avait pas d'antécédents judiciaires... Fasciste, moi ? Mais, quand je vois les faisceaux, je fais les cornes... Oui, chef, à vos ordres.

Le brigadier reposa le téléphone sur sa fourche avec une délicatesse trahissant l'exaspération. « Ce type-là a été dans le maquis, dit-il. Il ne me manquait plus que ça, d'avoir un supérieur qui vient du maquis. »

Les deux frères Colasberna et les autres membres de la Société Coopérative de construction Sainte Fara attendaient l'arrivée du capitaine. Ils étaient assis les uns à côté des autres, tout de noir habillés, les deux frères avec deux grosses écharpes noires, la barbe longue et les yeux rouges. Ils attendaient dans une salle de la caserne des carabiniers de S., immobiles, les yeux fixés sur une cible peinte sur le mur avec une inscription qui disait : emplacement pour décharger les armes. Le lieu où ils se trouvaient et cette attente les faisaient brûler de honte. La mort n'est rien à côté de la honte.

Loin d'eux, assise au bord de sa chaise, une jeune femme. Elle était arrivée avant eux, et elle avait dit au planton qu'elle voulait parler au brigadier. Le planton répondit que le brigadier avait à faire ; le capitaine allait arriver, il avait à faire. Elle dit : « J'attendrai » et s'assit au bord de la chaise, avec des mains à vous donner des crises de nerfs tant elles étaient agitées. Ils la connaissaient de vue ; elle avait épousé un élagueur d'arbres et de vignes qui n'était pas du pays ; c'était après la guerre qu'il était venu s'établir à S. où il s'était marié ; un peu en raison de la dot de sa femme et de ce que lui rapportait son travail, dans ce pays pauvre il était considéré comme un homme aisé. Les membres de la Coopérative Sainte Fara pensèrent : elle a dû se quereller avec son mari et elle fait appel aux carabiniers. C'était l'unique idée susceptible de les distraire de cette honte qu'ils éprouvaient.

On entendit une automobile arriver dans la cour, le moteur s'arrêter, des claquements de talons dans le corridor ; et le capitaine entra dans la salle où attendaient les hommes, tandis que le brigadier ouvrait la porte de son bureau et se raidissait dans un salut qui lui faisait redresser la tête, au point qu'il semblait inspecter le plafond. Le capitaine était jeune, de haute taille et de teint clair ; au premier mot qu'il dit, les membres de la Sainte Fara pensèrent « un continental » avec un mélange de soulagement et de mépris : les continentaux sont gentils, mais ne comprennent rien à rien.

De nouveau ils s'assirent les uns à côté des autres devant le bureau, dans le cabinet du brigadier, le capitaine occupant le fauteuil du brigadier, le brigadier debout, à côté, et le carabinier Sposito siégeant devant la machine à écrire. Il avait une figure enfantine, ce carabinier Sposito ; mais sa présence donna aux frères Colasberna et à leurs associés une inquiétude mortelle, l'effroi de l'impitoyable inquisition de cette noire semence qu'est l'écriture : « Blanche campagne, noire semence — l'homme qui la sème toujours la pense », dit la devinette de l'écriture.

Le capitaine leur adressa ses condoléances et s'excusa d'abord de les avoir convoqués à la caserne et ensuite d'être en retard. Ils pensaient encore « un continental; ce que c'est poli, les continentaux », mais sans perdre de vue le carabinier Sposito dont les doigts reposaient légèrement sur les touches de la machine à écrire et qui paraissait attentif et paisible comme le chasseur attendant le lièvre au clair de lune, le doigt sur la détente.

— C'est curieux, dit le capitaine, comme s'il continuait une conversation interrompue, la façon dont, dans cette région, les gens s'épanchent en lettres anonymes. Personne ne parle, mais heureusement — je veux dire heureusement pour nous autres carabiniers — tout le monde écrit. On oublie de signer, mais on écrit. Il n'y a pas de meurtre, pas de vol sans que je voie arriver sur ma table une dizaine de lettres anonymes. On m'écrit même pour des querelles de famille ou des faillites frauduleuses. Et même au sujet des amours des carabiniers, ajouta-t-il en souriant au brigadier.

Peut-être bien faisait-il allusion, pensèrent les membres de la Sainte Fara, au fait que le carabinier Savarino était l'amant de la fille du buraliste Palizzolo; tout le pays le savait et on donnait comme très prochaine la mutation de Savarino.

— Au sujet de Colasberna, continua le capitaine, j'ai déjà reçu cinq lettres anonymes; ce n'est pas mal pour un fait qui s'est produit avant-hier. Il en arrivera d'autres... Colasberna a été tué par un jaloux, dit l'une de ces lettres. Et elle donne le nom du mari jaloux...

— C'est de la folie, dit Giuseppe Colasberna.

— C'est ce que je dis moi aussi, confirma le capitaine. D'après un autre, il a été tué par erreur, parce qu'il ressemblait à un certain Perricone, individu qui, d'après mon informateur anonyme, ne tardera pas à récolter le plomb qu'il mérite.

Les associés se consultèrent rapidement du regard.

— C'est possible, dit Giuseppe Colasberna.

— C'est impossible, rétorqua le capitaine, parce que ce Perricone dont parle la lettre a obtenu un passeport il y a quinze jours et se trouve en ce moment à Liège, en Belgique. Vous ne le saviez peut-être pas; l'auteur de la lettre anonyme ne le savait sûrement pas; mais quelqu'un qui aurait eu l'intention de le supprimer n'aurait pas ignoré le fait... Je ne vous parle pas d'autres informations encore plus insensées, mais il y en a une que je vous prie de bien examiner, parce qu'à mon avis elle indique la bonne piste... Votre travail, la concurrence, les adjudications : c'est là qu'il faut chercher.

Autre coup d'œil de rapide consultation.

— Cela n'est pas possible, dit Giuseppe Colasberna.

— Eh si, c'est possible, répliqua le capitaine. Je vais vous dire pourquoi et comment. Votre cas mis à part, je possède beaucoup d'informations concernant les adjudications. Rien que des informations, malheureusement, parce que si j'avais des preuves... Admettons que dans cette province, dans cette région, il y ait dix entreprises de travaux publics. Chaque compagnie a ses machines et son matériel, toutes choses qui, la nuit, restent au bord des routes ou près des chantiers de construction. Les machines sont des choses délicates : il suffit d'enlever une pièce, une simple vis, et il faut des heures, des jours entiers pour les remettre en état. Pour le matériel : les armatures, le goudron, le mazout, ce n'est pas difficile à faire disparaître ou à brûler sur place. Il est vrai qu'il y a souvent, près du matériel et des machines, une petite baraque où dorment un ou deux ouvriers; mais justement, les ouvriers dorment; au contraire, il y a des gens qui ne dorment jamais, vous me comprenez. N'est-il pas naturel de s'adresser à ces gens qui ne dorment pas pour obtenir leur protection ? D'autant plus que cette protection vous a été immédiatement offerte; si vous avez commis l'imprudence de la refuser, il s'est produit un fait qui vous a convaincu qu'il fallait l'accepter... Bien entendu il y a des gens têtus, des gens qui n'en veulent pas, de cette protection, qui ne se résignent pas à l'accepter même si on leur met le couteau sous la gorge. Il semble que vous en êtes, de ces entêtés-là, à moins que ce fût seulement Salvatore...

— Nous ne sommes pas au courant de ces choses-là, dit Giuseppe Colasberna.

Les autres firent des signes d'acquiescement : ils avaient des visages ahuris.

— C'est possible, dit le capitaine. C'est possible... Mais je n'ai pas fini. Il y a donc dix entreprises, dont neuf acceptent ou demandent cette protection. Mais l'association — vous comprenez de quelle association je parle — serait une association bien mesquine si elle bornait sa tâche et ses gains à ce que vous appelez « la prise en garde » ; la protection qu'offre l'association est bien plus étendue. Elle obtient pour vous, je veux dire pour les sociétés qui acceptent protection et réglementation, des adjudications de licitation privée ; elle vous donne des informations précises pour vous mettre sur les rangs lorsqu'il y a enchères publiques ; elle vous aide au moment de l'ouverture des plis et de l'adjudication, elle fait filer droit vos ouvriers... On comprend facilement que si neuf entreprises ont accepté la protection et forment ainsi comme un consortium, la dixième, qui refuse, est la bête noire ; il est certain qu'elle ne peut pas être bien gênante, mais le fait même qu'elle existe constitue un défi et un mauvais exemple. Il faut l'obliger à entrer dans le jeu de gré ou de force ; ou bien l'en faire sortir une fois pour toutes, en la supprimant...

— Je n'ai jamais entendu parler de ces choses-là, dit Giuseppe Colasberna.

Son frère et ses associés firent des signes d'approbation.

— Admettons, continua le capitaine comme s'il ne s'en apercevait pas, admettons que ce soit votre coopérative, la Sainte Fara, qui soit la bête noire de la région ; celle qui ne veut pas entrer dans le jeu, qui fait honnêtement ses prix en fonction de l'appel d'offres et concourt sans protections, et que, quelquefois, surtout quand on pratique le prix maximum et le prix minimum, elle arrive à présenter exactement l'offre qu'il faut, précisément parce qu'elle a fait honnêtement ses comptes... Un respectable personnage, comme vous dites, vient un beau jour tenir à Salvatore Colasberna certains propos : des propos qui disent sans dire tout en disant, au moyen d'allusions, des propos aussi indéchiffrables qu'une broderie regardée à l'envers et qui n'est qu'un embrouillamini de fils et de nœuds : c'est de l'autre côté qu'on voit les figures. Colasberna ne veut pas ou ne peut pas considérer l'envers de ces propos ; le respectable personnage est froissé. L'association passe à l'action, on fait un premier avertissement, un petit entrepôt qui prend feu ou quelque chose de semblable, un second avertissement, une balle qui vous frôle tard dans la soirée, vers onze heures, au moment où vous vous disposez à rentrer chez vous...

Les associés de la Sainte Fara évitaient le regard du capitaine : ils contemplaient leurs mains, puis levaient les yeux vers le portrait du général commandant des carabiniers, vers celui du président de la République, vers le crucifix. Après une longue pause, le capitaine frappa juste au centre de leur appréhension.

— Il me semble bien qu'il est arrivé quelque chose de semblable à votre frère, dit-il. Voilà six mois, vers onze heures, alors qu'il rentrait chez lui. N'est-ce pas ?

— Je n'ai jamais entendu parler de ça, bafouilla Giuseppe.

— Ils ne veulent pas parler, intervint le brigadier. Même si on les supprime les uns après les autres, ils ne parlent pas ; ils se contentent de se faire tuer.

Le capitaine l'interrompit d'un geste :

— Ecoute, dans l'autre salle il y a une femme qui attend.

— J'y vais tout de suite, lui répondit le brigadier quelque peu mortifié.

— Je n'ai pas autre chose à vous dire, continua le capitaine. Je vous en ai déjà beaucoup dit, et vous, vous n'avez rien à me dire. Mais avant de s'en aller je voudrais que chacun de vous inscrive sur cette feuille son nom, son prénom, la date et le lieu de sa naissance, et son adresse.

— J'écris lentement, dit Giuseppe Colasberna.

Les autres aussi dirent qu'ils n'écrivaient que lentement et difficilement.

— Ça n'a pas d'importance, dit le capitaine. Nous avons le temps.

Il alluma une cigarette et suivit attentivement les efforts des associés de la Sainte Fara sur la feuille : ils écrivaient comme s'ils tenaient en main non pas une plume, mais un outil du poids d'une perceuse électrique, une perceuse que l'incertitude et le tremblement de leur main faisaient vibrer. Quand ils eurent fini, le capitaine sonna le planton ; le planton entra en compagnie du brigadier.

— Accompagne ces messieurs, lui ordonna le capitaine.

— Sapristi ! quelles bonnes manières ! pensèrent les associés. Dans leur joie de s'en être tirés à peu de frais — ce peu, c'était ce bout d'écriture exigé par le capitaine — et d'avoir été appelés « messieurs » par un officier des carabiniers, sur le pas de la porte ils avaient oublié leur deuil : pour un peu ils auraient couru comme des gamins à la sortie de l'école.

Pendant ce temps, le capitaine confrontait leurs écritures avec celle de la lettre anonyme. Il était convaincu que c'était l'un d'entre eux qui avait écrit la lettre. Malgré une inclinaison et des déformations anormales, point n'était besoin d'un expert graphologue pour constater en confrontant cette lettre avec les indications d'identité inscrites sur la feuille que c'était Giuseppe Colasberna. Les indications fournies par la lettre anonyme étaient donc dignes de créance, sûres.

Le brigadier ne comprenait pas pourquoi le capitaine étudiait ces écritures.

— C'est comme si on voulait presser une pierre à aiguiser, dit-il, voulant parler des frères Colasberna, de leurs associés, de tout le pays, de toute la Sicile. Il n'en sort rien.

— On en tire toujours quelque chose, dit le capitaine.

« Si ça te suffit, moi aussi... », pensa le brigadier. Dans ses pensées, il se payait le luxe de tutoyer jusqu'au général Lombardi.

— Et cette femme ? demanda le capitaine qui se préparait à partir.

— Son mari, dit le brigadier est parti avant-hier pour la campagne pour tailler des arbres et n'est pas encore revenu... Il a dû s'installer dans une ferme à déguster de l'agneau bien gras et du vin, et s'endormir vautré dans une grange, saoul comme une bourrique. Je parierais ma tête qu'il sera de retour ce soir.

— Avant-hier... A ta place je commencerais des recherches, dit le capitaine.

— A vos ordres, dit le brigadier.

— Il ne me plaît pas, dit l'homme habillé de noir. (Il faisait la tête de quelqu'un qui a les dents agacées d'avoir mangé des prunes vertes, une figure cuite par le soleil et décelant une mystérieuse intelligence, mais toujours avec cette grimace de dégoût.) Il ne me plaît vraiment pas.

— Mais l'autre non plus ne te plaisait pas, le précédent. Est-ce qu'il nous va falloir en mettre un nouveau tous les quinze jours ? lui répondit en souriant l'homme blond, élégant, qui était assis à côté de lui.

Sicilien lui aussi, il ne différait de l'autre que par sa charpente et ses manières.

Ils étaient dans un café de Rome, une salle rose silencieuse avec des glaces, des lampadaires qui ressemblaient à de gros bouquets de fleurs, une préposée au vestiaire brune et bien en chair, à dépouiller comme un fruit de sa blouse noire « non pas la lui faire ôter, pensaient aussi bien l'homme blond que l'homme brun, mais la lui déchirer sur le corps ».

— L'autre ne me plaisait pas à cause de cette histoire du port d'armes, dit l'homme brun.

— Et avant celui du port d'armes, il y en avait

un qui ne te plaisait pas à cause de l'histoire de la résidence surveillée.

— Ça vous semble peu de chose, la résidence surveillée ?

— Je sais très bien que ce n'est pas peu de chose ; mais que ce soit pour une raison ou pour une autre, il n'y en a jamais un qui ait l'heur de te plaire.

— Mais, maintenant, c'est différent. Le fait qu'un homme semblable se trouve chez nous devrait vous être encore plus désagréable qu'à moi... Il a été dans les partisans ; avec cette champignonnière de communistes que nous avons, on nous envoie quelqu'un qui a été partisan ; il est bien certain que tout, chez nous, ne peut faire autrement que de se décomposer.

— Mais tu es sûr qu'il protège les communistes ?

— Je me contenterai d'un seul exemple. Vous savez la façon dont marchent les mines de soufre en ce moment ; je maudis l'heure où je me suis mis en société avec Scarantino pour la soufrière que vous savez ; nous nous y ruinons, elle me dévore le sang, j'y perds tout le petit capital que j'avais...

— Alors tu es ruiné, dit l'homme blond d'un air incrédule et ironique.

— Si je ne suis pas complètement ruiné, c'est à vous que je le dois ; c'est au gouvernement dont il faut bien reconnaître qu'il s'en préoccupe, de la crise du soufre...

— Il s'en préoccupe à tel point qu'avec l'argent qu'il débourse, il pourrait payer aux ouvriers le salaire qui leur revient, et de façon régulière, sans avoir besoin de les faire descendre dans la mine ; et peut-être bien que ça vaudrait mieux.

— Donc les choses vont mal. Il est naturel qu'elles aillent mal pour tout le monde ; il n'y a pas de raison que je sois le seul à souffrir de la situation, il est normal que les ouvriers en pâtissent aussi... Ils n'ont pas été payés pendant deux semaines...

— Pendant trois mois, rectifia l'autre avec un sourire.

— Je ne me rappelle pas de façon précise. Eh bien, voilà qu'ils viennent protester devant chez moi ; des coups de sifflet devant ma maison, des gros mots que je ne pourrais pas répéter, de quoi les tuer. Bon, alors, je vais protester auprès de lui. Sais-tu ce qu'il me dit ? — Vous avez mangé aujourd'hui ? — Oui, j'ai mangé, dis-je. — Hier aussi ? — Hier aussi. — Et votre famille n'endure pas la faim, n'est-ce pas ? — Elle n'endure pas la faim, grâce au ciel, dis-je. — Et ces gens qui sont venus faire du tapage devant chez vous, est-ce qu'ils ont mangé, aujourd'hui ? — J'allais lui dire : ce que je m'en fous qu'ils aient mangé ou qu'ils n'aient pas mangé ; mais, par politesse, je lui réponds : — Je ne sais pas. Alors, il me dit : — Vous devriez vous informer. Moi, je lui dis : — Je viens vous trouver parce qu'ils sont devant ma maison et qu'ils me menacent ; ma femme et mes filles ne peuvent même pas sortir pour aller à la messe. — Oh ! dit-il, nous les ferons aller à la messe. Nous sommes ici pour ça. Vous, vous ne payez pas les ouvriers et nous, nous faisons aller à la messe votre femme et vos filles. Il m'a dit ça avec une telle expression que j'en avais des démangeaisons dans les mains : vous savez que je suis violent...

— Ah ! ah ! ah ! dit l'homme blond avec un crescendo.

On sentait dans son ton qu'il désapprouvait cette tendance à la violence et recommandait en même temps la prudence.

— Oh ! maintenant j'ai des nerfs aussi forts que les cordes d'un cabestan ! Je ne suis plus comme il y a trente ans. Mais tout de même : a-t-on jamais entendu un policier parler de cette façon-là à un honnête homme ? C'est un communiste ! Il n'y a que les communistes pour parler comme ça.

— Il n'y a pas que les communistes, malheureusement. Même dans notre parti, il y en a qui parlent comme ça... Si tu savais la lutte qu'il nous faut endurer tous les jours, toutes les heures...

— Je le sais ; mais, moi, je suis plus net : eux aussi sont des communistes.

— Ce ne sont pas des communistes, dit l'homme blond d'un air de mélancolie rêveuse.

— Si ce ne sont pas des communistes, il suffira que le pape dise bien clairement ce qu'il a à dire, mais qu'il le dise clair et net, pour les pétrifier.

— Ce n'est pas si simple que ça... Mais laissons tomber. Revenons-en à notre affaire. Comment s'appelle ce... communiste ?

— Bellodi, je crois. Il commande la compagnie de C. : il n'y est que depuis trois mois, mais il a déjà fait du mal ; maintenant, il est en train de fourrer son nez dans les entreprises. Le *Commendatore* Zarcone, lui aussi, m'a prié de vous faire toutes ses recommandations ; il m'a bien dit : « Espérons que M. le Député le fera revenir à sa polenta natale. »

— Ce cher Zarcone ; comment va-t-il ? dit le député.

— Il pourrait aller mieux, dit l'homme brun, avec un sous-entendu.

— Nous le ferons aller tout à fait bien, promit le député.

Le capitaine Bellodi, qui commandait la section de carabiniers de C., avait devant lui l' « indicateur » de S. Il l'avait fait appeler avec les précautions d'usage pour savoir ce qu'il pensait de l'assassinat de Colasberna ; généralement, quand survenait dans le pays un fait de quelque importance, l'indicateur faisait spontanément acte de présence ; mais, cette fois, il avait fallu l'appeler. Cet homme était un repris de justice ; il avait volé des moutons tout de suite après la guerre et, maintenant, pour autant qu'on savait, il s'était fait intermédiaire de prêts usuraires. S'il était indicateur, c'était un peu par vocation, un peu parce qu'il se donnait ainsi l'illusion d'acquérir l'impunité dans le métier qu'il exerçait, un métier qui, en comparaison du vol à main armée, lui semblait honnête et sensé, un métier de père de famille. Le fait d'avoir volé était pour lui une erreur de jeunesse : sans une lire d'économies, rien qu'en faisant passer par ses mains l'argent des autres, il arrivait à faire vivre sa femme et trois enfants et mettait de l'argent de côté pour le placer dans un petit commerce, s'installer derrière un comptoir et mesurer des étoffes, c'était là le rêve de sa vie. Mais c'était à cette erreur de jeunesse, au fait qu'il avait fait de la prison qu'était lié le métier facile et lucratif qu'il exerçait ; car tous ceux qui lui confiaient leur argent, des messieurs d'une honnêteté au-dessus de tout soupçon, épris d'ordre social et de grand-messes, comptaient sur son prestige pour que leurs débiteurs ne commissent pas la moindre erreur ni dans la ponctualité de leurs paiements ni dans le secret qu'ils étaient tenus d'observer. En effet, la crainte que le médiateur savait inspirer était telle (« j'ai laissé mon veston au pénitencier », répétait-il souvent, moitié par plaisanterie et moitié par menace, pour indiquer qu'il irait le reprendre quand il aurait tué quelqu'un : en réalité la seule idée de la prison lui donnait des sueurs froides) que ses débiteurs payaient du 100 %, et à l'échéance précise. Et il n'accordait que de rares délais, à des conditions telles que, pour donner un exemple, si un homme employait l'argent emprunté à l'achat d'un mulet nécessaire à cultiver son lopin de terre, au bout de deux ans, le créancier prenait le mulet avec le lopin.

Si ce n'avait été la peur, l'indicateur se serait considéré comme un homme heureux et, tant par son cœur que par sa fortune, comme un homme honorable. Mais la peur était tapie en lui comme un chien enragé : elle glapissait, soufflait, bavait brusquement, au beau milieu de son sommeil; elle le mordait intérieurement, lui mordait le foie, lui mordait le cœur. Pour ces morsures au foie qui lui causaient une brûlure continuelle, pour ces brusques sursauts du cœur comme ceux d'un lapin vivant dans la gueule d'un chien, les médecins avaient fait différents diagnostics, ils lui avaient ordonné tant de remèdes qu'ils couvraient toute sa commode. Mais les médecins ignoraient sa peur.

Il était là devant le capitaine, tournant et retournant nerveusement sa casquette entre ses mains, assis légèrement de côté pour éviter de le regarder en face, et, pendant ce temps, le chien mordait. Il grondait et mordait. La soirée était glaciale; dans le bureau du capitaine, un petit radiateur électrique irradiait une chaleur si faible qu'elle faisait paraître encore plus gelé le vaste espace de cette grande salle presque sans meubles, carrelée de vieux carreaux blancs de Valence qui, par ce froid, semblaient faits de glace. Mais l'homme suait; un froid linceul enveloppait déjà son corps où s'épanouissait la rose brûlante de la « lupara ».

Dès qu'il avait appris la mort de Colasberna, l'indicateur avait échafaudé son mensonge. A chaque détail qu'il ajoutait, à chaque retouche, il faisait comme le peintre qui s'éloigne de son tableau pour juger de l'effet d'un coup de pinceau et il disait : « Parfait, il ne manque rien », mais il revenait encore ajouter et retoucher; et, tout en racontant son histoire au capitaine, fébrilement, il ajoutait et retouchait encore. Mais le capitaine savait par tout un dossier relatif à Calogero Dibella, dit « Parrinieddu, indicateur », qu'entre les deux « cosques » de mafia du pays (la « cosque », lui avait-on expliqué, c'est l'épaisse couronne de feuilles de l'artichaut), cet homme touchait de près, si même il n'en faisait pas partie, celle qui était très certainement, bien que ce fût impossible à prouver, en rapport avec les travaux publics ; l'autre « cosque », plus jeune et plus audacieuse, s'occupait de la contrebande des cigarettes américaines, S. étant une ville de bord de mer. Aussi avait-il prévu les mensonges de l'indicateur. Quoi qu'il en fût, il n'était pas inutile d'observer les réactions de celui-ci au sein même de ses mensonges.

Il l'écoutait sans l'interrompre, et les signes d'acquiescement distrait qu'il lui faisait mettaient l'autre encore plus mal à l'aise. Il songeait à tous les « indicateurs » qui étaient restés dans les replis de l'Apennin sous une mince couche de terre et de feuilles sèches : hommes misérables, pourris de peur, pourris de vice, et qui jouaient un jeu mortel en s'évertuant à mentir entre les partisans et les fascistes. Le seul élément humain existant en eux était cette agonie dans laquelle leur lâcheté même les faisait se débattre. Tous les jours, par peur de mourir, ils affrontaient la mort. Enfin l'heure de la mort sonnait, la dernière, la définitive, il n'y en a qu'une ; ce n'était plus le double jeu, la double mort de toutes les heures.

L'indicateur de S. risquait sa vie : que ce fût un double coup « a lupara » ou par une rafale de mitraillette (les « cosques » se différenciaient même par les armes qu'elles employaient), un jour ou l'autre une des deux « cosques » le liquiderait. Mais entre la mafia et les carabiniers, les deux parties entre lesquelles il jouait sa chance, la mort ne pouvait lui venir que d'un côté. Du côté des carabiniers, il ne voyait pas la mort : il voyait cet homme blond et bien rasé, élégant dans son uniforme ; cet homme qui parlait en avalant les *s*, qui n'élevait pas la voix, qui ne l'écrasait pas sous son mépris. Et, cependant, c'était la loi, aussi effrayante que la mort. Non pas pour l'indicateur, la loi née de la raison et qui est la raison, mais la loi d'un homme, née des idées et de l'humeur de cet homme, d'une estafilade qu'il s'est faite en se rasant, ou du bon café qu'il a bu ; l'irrationnel absolu de la loi, créée à chaque instant par celui qui commande, par le garde municipal ou par le brigadier, par le commissaire de police ou par le juge, en somme par ceux qui disposent de la force. Que la loi fût écrite une fois pour toutes et fût la même pour tous, l'indicateur n'y avait jamais cru ; il ne pouvait y croire. Entre les riches et les pauvres, les gens instruits et les ignorants, il y avait les hommes de loi ; ces hommes ne pouvaient que, d'un côté, allonger un bras arbitraire : de l'autre côté il leur fallait protéger et défendre. Il y avait entre les deux « mondes » un barbelé, un mur. L'homme qui avait volé, l'homme qui avait purgé une peine, qui était du côté de la mafia, négociait des prêts usuraires et faisait métier d'espion ne cherchait qu'une chose : une brèche dans le mur, un espace entre les barbelés. Il n'allait pas tarder à avoir en mains un petit capital, à ouvrir sa boutique. Son fils aîné était au séminaire pour devenir prêtre, ou, mieux, en sortir avant d'avoir reçu les Ordres et se faire avocat : c'est mieux que prêtre. Une fois que l'indicateur aurait franchi le mur, la loi ne pourrait plus lui faire peur ; ce serait bon, alors, de regarder ceux qui resteraient de l'autre côté du mur, de l'autre côté des barbelés. Ainsi, déchiré de peur, il se consolait un peu en rêvant à un avenir de paix, fondé sur la misère et l'injustice, alors que le plomb pour sa mort était en train de couler.

Mais le capitaine Bellodi, un Emilien de Parme, républicain par tradition familiale et par conviction, avait embrassé la carrière des armes, comme on disait jadis, et dans un corps de police, avec la foi d'un homme qui a participé à une révolution et, de la révolution, a vu naître la loi ; c'était cette loi, assurant la liberté et la justice, qu'il servait et faisait respecter. S'il continuait à porter l'uniforme, qu'il avait endossé dans des circonstances fortuites, s'il n'avait pas quitté le service pour la profession d'avocat à laquelle il se destinait, c'était parce que le métier qui consistait à servir les lois de la république, et à les faire respecter, devenait de jour en jour plus difficile. Il n'en serait pas revenu, l'indicateur, s'il avait su qu'il avait en face de lui un homme, carabinier et, de plus, officier, qui considérait l'autorité dont il était investi comme le chirurgien considère son bistouri : un instrument dont on ne doit user qu'avec précaution, avec précision, en toute sûreté ; qui considérait la loi comme née de l'idée de la justice et tout acte découlant de la loi comme lié à la justice. Un homme pratiquant un métier amer et difficile, en somme. Mais l'indicateur le croyait heureux du bonheur que donnent la force et les abus de la force, un bonheur d'autant plus intense qu'est plus grande la souffrance qu'on peut imposer aux autres.

Parrinieddu débitait son mensonge comme le vendeur de cotonnades déroule ses pièces d'étoffe devant des campagnardes. Son surnom qui voulait dire « petit prêtre » lui venait de sa facilité d'élocution et de l'hypocrisie qu'elle laissait percer. Mais son habileté se brisait sur le silence de l'officier ; les mots qui lui sortaient de la bouche étaient prononcés d'une voix stridente et voilée de larmes ; le plan qu'il exposait devenait incohérent, incroyable.

— Vous ne croyez pas, lui demanda à un certain moment, bien tranquillement, le capitaine, vous ne croyez pas qu'il serait plus utile de chercher d'autres explications ? (Son articulation émilienne modela ce mot d'une manière qui, pour un instant, fit oublier ses affres à l'indicateur.)

Parrinieddu ne répondit pas.

— Vous ne croyez pas que Colasberna a pu être supprimé pour des raisons d'intérêt ? Parce qu'il n'avait pas accepté certaines offres, parce qu'en dépit des menaces qu'on lui avait faites, il avait continué de prendre tout ce qu'il pouvait prendre en matière d'adjudications ?

Ceux qui avaient précédé le capitaine Bellodi dans ce même bureau posaient habituellement à l'indicateur des questions qui, soit explicitement, soit en raison de leur simple ton comminatoire, lui ouvraient la perspective de la relégation ou d'une dénonciation comme usurier. Loin de faire peur à Parrinieddu, cela lui donnait une certaine assurance. Ses rapports avec les policiers étaient clairs : eux l'obligeaient à faire une infamie ; lui leur en fournissait tout juste ce qui était nécessaire pour les calmer, les apaiser. Mais lorsque quelqu'un vous parle avec gentillesse, avec confiance, les choses prennent une tout autre allure. C'est pourquoi, en réponse au capitaine, il fit signe que « oui » d'un mouvement qui lui désarticulait la tête et les mains.

— Mais vous, continua le capitaine, vous ne connaissez pas quelqu'un qui s'intéresse à ces choses-là ? Je ne veux pas parler des gens qui travaillent dans les entreprises, mais de ceux qui n'y travaillent pas, et sont intéressés à les aider, à les protéger... Il me suffirait de savoir le nom de l'homme qui, voici quelques mois, a fait certaines offres à Colasberna, des offres, entendons-nous bien : de simples offres...

— Moi, je ne sais rien, dit l'indicateur, mais la politesse du capitaine fit jaillir de sa vocation d'espion, comme un trille d'alouette, la joie d'occasionner de la souffrance. Je ne sais rien ; mais en tâtonnant dans le noir, je pourrais dire que ces offres-là, c'est Ciccio La Rosa qui a dû les faire, ou bien Saro Pizzuco... Mais déjà ce joyeux envol en flèche se transformait en chute, retombait comme une pierre au centre de son être, en plein dans sa peur.

— Encore une interpellation au Parlement, dit Son Excellence. « Avez-vous connaissance des assassinats inquiétants qui ont eu lieu en Sicile, et quelles mesures avez-vous l'intention de prendre, etc. » Les communistes, comme d'habitude. Il semblerait que ce soit à l'occasion de l'assassinat de cet entrepreneur. Comment s'appelait-il ?

— Colasberna, Excellence.

— Colasberna… C'était un communiste, à ce qu'il semble.

— Un socialiste, Excellence.

— Vous faites toujours la distinction. Permettez-moi de vous dire que vous êtes têtu, cher ami. Quelle différence y a-t-il entre un communiste et un socialiste ?

— Avec la situation actuelle…

— Ne me donnez pas d'explications, je vous en conjure. Moi aussi, vous savez, il m'arrive de lire les journaux…

— Mais je ne me permettrais jamais…

— Parfait. Alors, pour éviter que ce…

— Colasberna.

— … que ce Colasberna ne devienne un martyr de l'idée communiste… je vous demande pardon : socialiste… il faut immédiatement trouver celui qui l'a tué, immédiatement. De façon que le ministre puisse répondre que Colasberna a été victime d'une question d'intérêt ou de femmes, et que la politique n'y est pour rien.

— L'enquête avance. C'est certainement un crime de la mafia, mais qui n'a rien de politique. Le capitaine Bellodi…

— Qui est-ce, Bellodi ?

— C'est le capitaine qui commande la section de C. : il n'est en Sicile que depuis quelques mois.

— Ah, bon ! Nous y voilà. Il y a déjà longtemps que je voulais vous parler de ce Bellodi. Ce garçon, mon cher ami, c'est un homme qui voit la mafia partout, un de ces septentrionaux dont la tête est bourrée de préjugés, qui ne sont pas descendus du ferry-boat qu'ils voient la mafia partout. S'il dit que c'est la mafia qui a tué Colasberna, nous voilà frais… Je ne sais pas si vous avez lu les déclarations qu'il a faites à un journaliste voici quelques semaines au sujet de ce cultivateur qu'on avait séquestré : comment s'appelait-il donc ?

— Mendolia.

— Mendolia… Il a dit des choses à faire dresser les cheveux sur la tête : que la mafia existe, que c'est une puissante organisation, qu'elle contrôle tout : les moutons, les légumes, les travaux publics et les vases grecs… L'histoire des vases grecs est impayable : de ces choses qu'on trouve plutôt dans le « courrier des lecteurs »… Tout de même, bon Dieu, il faudrait un peu de sérieux… Vous y croyez, vous, à la mafia ?

— A vrai dire…

— Et vous ?

— Je n'y crois pas.

— Bravo ! Nous deux, qui sommes siciliens,

nous ne croyons pas à la mafia, ça devrait vous faire tout de même saisir quelque chose à vous qui donnez l'impression d'y croire. D'ailleurs je vous comprends : vous n'êtes pas sicilien, et les préjugés mettent longtemps à mourir. Avec le temps, vous vous rendrez compte que c'est simplement du bourrage de crâne. Mais, en attendant, je vous demande comme une grâce de suivre de très près les enquêtes de ce Bellodi... Et pour vous, qui n'y croyez pas, à la mafia, tâchez de faire quelque chose ; envoyez quelqu'un qui sache « y faire ». Qu'il n'aille pas chercher querelle à Bellodi ; mais tout de même... *Ima summis mutare :* vous comprenez le latin ? Non, pas celui d'Horace, je veux dire le mien.

Il y avait cinq jours que Paolo Nicolosi, élagueur d'arbres de profession, né à B. le 14 décembre 1920, domicilié et résidant à S. au numéro 97 de la via Cavour, avait disparu. Le quatrième jour, sa femme, désespérée, était retournée voir le brigadier ; et le brigadier avait commencé à se préoccuper sérieusement de la chose. Le rapport était sur la table du capitaine ; « au numéro 97 de la via Cavour » était souligné en rouge. Le capitaine allait et venait nerveusement dans la pièce en fumant ; il attendait que, du bureau du casier judiciaire et de chez le Procureur, on lui fît parvenir des renseignements sur Paolo Nicolosi : était-ce un repris de justice et se trouvait-il sous le coup d'un procès ?

C'était du coin de la via Cavour et de la place

Garibaldi qu'on avait tiré sur Colasberna. Une fois son coup fait, l'assassin ne s'était certainement pas avancé sur la place où il y avait l'autobus avec une cinquantaine de personnes à l'intérieur et, devant, le marchand de beignets, à deux pas du mort. Il était logique de penser qu'il s'était sauvé par la via Cavour. C'est au numéro 97 de cette rue qu'habitait Nicolosi. Il était six heures et demie. Nicolosi devait aller tailler des arbres, disait le rapport, au lieu-dit Fondachello, ce qui faisait, à pied, de chez lui, un trajet d'à peu près une heure ; il était possible qu'au moment où l'assassin se sauvait par la via Cavour, Nicolosi sortît de chez lui et qu'il l'eût reconnu. Mais Dieu sait combien d'autres personnes l'avaient vu. L'assassin pouvait être sûr du silence de Nicolosi comme de celui du marchand de beignets et des autres si l'on admettait que cet assassin fût un personnage identifiable, soit de la région, soit connu dans la région ; mais pour un crime de ce genre ce devait être un tueur venu de l'extérieur : on suivait les leçons de l'Amérique.

« Ne vous abandonnez pas à votre imagination », lui avait recommandé son commandant. Entendu : ne nous laissons pas aller à l'imagination. Mais la Sicile n'est qu'un espace imaginaire : comment y résider sans jamais faire jouer son imagination ? L'imagination, non : rien que les faits. Eh bien voilà quels étaient les faits. Un certain Colasberna avait été tué place Garibaldi à six heures et demie du matin, au moment où il montait dans l'autobus de Palerme ; l'assassin avait tiré du coin de la via Cavour et de la place Garibaldi et s'était enfui en prenant la via Cavour. Le même jour, à la même heure, un individu habitant cette même via Cavour sort de chez lui ou se prépare à sortir de chez lui ; il aurait dû rentrer le soir comme d'habitude, d'après sa femme, au moment de l'angélus ; mais il ne rentre pas ; il n'est pas rentré depuis cinq jours. A la ferme de Fondachello on déclare ne pas l'avoir vu : on l'attendait bien pour ce jour-là ; mais il n'a pas donné signe de vie. Il a disparu, avec son mulet et ses instruments de travail, entre la porte de sa maison et la ferme de Fondachello, à six ou sept kilomètres, disparu sans laisser de trace.

Si Nicolosi avait été un repris de justice ou s'il avait été d'une façon ou d'une autre en relation avec la pègre, on aurait pu penser à une fugue, ou bien à un règlement de comptes au cours duquel on l'aurait tué et fait disparaître à jamais. Mais ce n'était pas un repris de justice, rien de sa part ne pouvait justifier une fugue plus ou moins préméditée, il n'avait aucun lien direct ou indirect avec la pègre permettant de penser qu'il eût des comptes à rendre ou à demander : donc c'était bien de façon concrète et pas le moins du monde imaginaire que sa disparition coïncidait avec le meurtre de Colasberna.

A ce moment, le capitaine ne prenait pas en considération le fait que la femme de Nicolosi pût avoir quelque relation avec la disparition de son mari, c'est-à-dire qu'il ne pensait pas à ces motifs passionnels qui sont d'une si grande ressource et pour la mafia et pour la police. Depuis que, dans le silence tombé soudain dans la fosse d'orchestre, pour la première fois le cri « On a tué compère Turiddu[1] ! » avait fait frissonner l'épine dorsale des amateurs d'opéra, depuis lors, tant dans les statistiques criminelles relatives à la Sicile que dans les combinaisons des numéros de loterie[2], la corrélation entre les infidélités conjugales et les victimes d'assassinats est devenue de plus en plus fréquente. Le crime passionnel est vite découvert ; aussi entre-t-il tout de suite à l'actif de la police ; il n'est pas trop sévèrement puni : c'est pourquoi il entre aussi au répertoire de la mafia. La nature ne fait qu'imiter l'art : après s'être fait tuer sur la scène par la musique de Mascagni et le couteau de compère Alfio, Turiddu Macca a commencé à peupler les cartes touristiques de la Sicile et les tables d'autopsie. Mais parfois c'était les compères d'Alfio qui avaient le dessous, non plus tués par la musique, heureusement, mais bien par le couteau ou la « lupara » ; à ce moment-là, le capitaine Bellodi n'était pas capable de tenir compte de ce fait : il ne tarderait pas à payer sa distraction d'une petite censure.

Du palais de justice et du service du casier judiciaire, les brigadiers D'Antona et Pitrone

1. Dans la *Cavalleria rusticana*, dont le texte est de Verga et la musique de Mascagni.

2. Pour la superstition populaire, tout personnage ou fait (soldat, femme enceinte, assassinat) correspond à un chiffre : celui qu'il faut jouer au « lotto ».

rapportèrent des résultats négatifs au sujet de Paolo Nicolosi : aucune condamnation, aucune action en cours. Devant ces résultats, le capitaine se sentit à la fois satisfait et bouillant d'impatience : d'impatience de courir à S. s'entretenir avec la femme de Nicolosi, avec quelques amis du disparu, avec le brigadier, d'interroger les gens de la ferme de Fondachello puis, après avoir bien pesé l'opportunité de cette démarche, les dénommés La Rosa et Pizzuco signalés par l'indicateur.

Midi était venu. Il donna l'ordre qu'on lui préparât sa voiture et descendit à toute vitesse ; il était tellement excité qu'il sentait monter en lui une envie de chanter et qu'à l'arrivée il chantonnait pour de bon. Il mangea deux sandwiches et but un café bouillant, un café que le carabinier-barman lui faisait spécialement avec la quantité spéciale de café et l'habileté qu'un Napolitain, comme l'était le carabinier-barman, savait déployer pour mériter l'estime spéciale d'un supérieur.

La journée était froide mais lumineuse, le paysage clair et net. Les arbres, les champs, les rochers donnaient une impression de fragilité glaciale : comme si un choc ou un coup de vent avait pu les briser dans un bruit de verre. Et le moteur de la 600 faisait vibrer l'air comme une vitre. De grands oiseaux noirs volaient comme dans un labyrinthe de verre, virant, tombant à pic, ou vrillant leur vol entre des cloisons invisibles. La rue était déserte. Assis sur le siège arrière, le brigadier D'Antona tenait sa mitraillette le canon appuyé sur la portière, le doigt sur la détente. Un mois plus tôt, sur cette même route, le courrier qui allait de S. à C. avait été arrêté et tous les voyageurs dépouillés. Les voleurs — tous très jeunes — étaient déjà au pénitencier de San Francesco.

Le brigadier regardait la route avec inquiétude : sa pensée se portait alternativement sur sa solde et ses frais, sa femme et sa solde, sa télévision et sa solde, ses enfants malades et sa solde. Le carabinier-chauffeur pensait à « Europe de nuit » qu'il avait vu la veille au soir, et à Coccinelle qui est un homme, « et comment est-ce possible, et je voudrais bien voir comment ça peut être un homme ». Et, derrière cette idée, qui était plutôt une vision qu'une idée, se cachait, bien dissimulée pour que le capitaine ne s'en aperçût pas, la préoccupation de ne pas avoir mangé à la caserne et de n'être pas sûr d'arriver à temps pour manger avec les carabiniers de S. Mais le capitaine était un diable d'homme ; il découvrit cette préoccupation et déclara qu'à S. tous deux, le brigadier et le chauffeur, s'arrangeraient pour manger quelque chose, il déplorait de ne pas y avoir pensé avant leur départ. Le carabinier rougit et pensa « il est bon ; mais il lit ce que j'ai dans la tête ». Et ce n'était pas la première fois. Le brigadier affirma qu'il n'avait pas d'appétit et qu'il pouvait rester jusqu'au lendemain sans manger.

A S., le brigadier-chef qui n'avait pas été prévenu se montra la bouche pleine, rouge de surprise et d'agacement : il avait son rôti de mouton dans son assiette ; froid c'était très mauvais, et réchauffé il serait encore plus mauvais ; le mouton doit être mangé chaud, bien poivré, avec la graisse encore liquide. Enfin, faisons pénitence et voyons ce qu'il y a de nouveau.

Il y avait du nouveau. Le brigadier-chef fit un vague signe d'approbation, mais à vrai dire il n'était pas tout à fait convaincu qu'il existât un rapport entre l'assassinat de Colasberna et la disparition de Nicolosi. Il fit convoquer la veuve, deux ou trois amis de Nicolosi, son beau-frère. Il dit bien « la veuve » car, pour ce qui est d'être mort, Nicolosi était bien mort : il n'avait aucun doute à ce sujet. En attendant, le brigadier-chef proposa au capitaine de casser la croûte avec lui. Le capitaine refusa, en disant qu'il avait déjà mangé. « Ah ! tu as mangé ! » pensa le brigadier-chef, et sa rancœur devint aussi glaciale que le gras figé autour de ses côtelettes de mouton.

C'était une jolie femme, la veuve : des cheveux châtains, des yeux très noirs, un visage délicat et serein, mais, de temps en temps, un sourire malicieux sur les lèvres. Elle n'était pas timide. Elle parlait un dialecte intelligible, le capitaine n'eut pas besoin que le brigadier de S. lui servît d'interprète ; il lui demandait à elle-même l'explication de certains mots et elle, il lui arrivait de trouver le mot italien ; autrement c'est en dialecte qu'elle traduisait le terme dialectal. Le capitaine avait connu beaucoup de Siliciens, du temps qu'il était partisan et parmi les carabiniers ; de plus, il avait lu des poètes siciliens : Giovanni Meli avec les notes de Francesco Lanza, et Ignazio Buttitta avec, en regard, les traductions de Quasimodo.

Ce jour-là, son mari s'était levé vers six heures. Elle l'avait entendu se lever dans le noir, parce qu'il ne voulait pas la réveiller ; il faisait comme ça tous les matins ; c'était un homme plein de délicatesse (elle dit bien « c'était » ; évidemment, en ce qui concernait le sort de son mari, elle avait la même idée que le brigadier). Mais elle s'était réveillée comme tous les matins et, comme tous les matins, elle lui avait dit : le café est prêt, il est dans le buffet, il suffit de le faire réchauffer — puis s'était rendormie. Pas tout à fait, cependant ; elle était en suspens entre la veille et le sommeil qui la reprenait. Elle avait entendu son mari évoluer dans la cuisine, puis descendre l'escalier et ouvrir de l'extérieur la porte de l'écurie. Le temps pour son mari de harnacher le mulet, cinq à dix minutes, et le sommeil l'avait prise de nouveau, un sommeil coupé par un bruit métallique parce que son mari était remonté prendre ses cigarettes et qu'en tâtonnant sur la table de nuit il avait fait tomber un petit Sacré-Cœur d'argent qui est un cadeau de sa tante supérieure, une tante à elle, supérieure du couvent de l'Immaculée Conception. Elle fut presque réveillée et demanda : — « Qu'est-ce que c'est ? » Son mari lui répondit : — « Rien. Dors. J'avais oublié mes cigarettes. » Elle dit : — « Allume la lumière. » Désormais, son sommeil était coupé. Son mari lui répondit que ce n'était pas nécessaire ; puis il lui demanda si elle avait entendu deux coups tirés dans le voisinage ou si c'était seulement lui qui l'avait réveillée en faisant tomber ce Sacré-Cœur par maladresse. Parce qu'il était fait comme ça, capable d'avoir des remords toute la journée de l'avoir éveillée : il l'aimait pour de bon.

— Mais vous, vous les aviez entendus, les deux coups ?

— Non. J'ai le sommeil léger pour les bruits de la maison, pour les mouvements de mon mari ; mais à l'extérieur on peut bien tirer le feu d'artifice de sainte Rosalie, je ne me réveille pas.

— Mais ensuite ?

— Ensuite, c'est moi qui ai allumé l'électricité. Je me suis dressée au milieu du lit et je lui ai demandé ce qui était arrivé, ce que c'était, ces deux coups qu'on avait tirés. Mon mari m'a dit : « Je ne sais pas, mais j'ai vu passer en courant… »

— Qui ça ? demanda le capitaine, saisi d'une brusque émotion et se penchant vers la femme par-dessus son bureau.

Mais une brusque épouvante bouleversa les traits de la femme, la rendant, pour un instant, laide.

Le capitaine s'adossa de nouveau à sa chaise, se calma et lui redemanda :

— Qui ça ?

— Il a dit un nom que je ne me rappelle pas. Peut-être bien un surnom ; à bien y penser, ça devait être un surnom.

Elle ne dit pas un « surnom », mais une « injure », et, pour la première fois, le capitaine eut recours aux lumières du brigadier.

— Un surnom, dit celui-ci. Ici, presque tout le monde a un surnom ; et certains sont tellement blessants qu'ils constituent véritablement des injures.

— Cela pouvait être une « injure », dit le capitaine, mais cela pouvait être aussi un nom de famille aussi bizarre qu'une « injure ». Vous ne l'aviez jamais entendu avant, ce nom ou cette « injure » qu'a prononcé votre mari ?... Essayez de vous rappeler ; c'est très important.

— Peut-être bien que je ne l'avais jamais entendu avant.

— Tâchez de vous rappeler. En attendant, dites-moi tout ce qu'a dit ou fait votre mari.

— Il n'a rien dit d'autre. Il s'en est allé.

Depuis quelques minutes, un mélange d'incrédulité et de menace pétrifiait la figure du brigadier : depuis que la femme, brusquement, avait trahi de l'effroi. C'était le bon moment, d'après le brigadier, pour l'augmenter encore, son effroi, lui faire suffisamment peur pour qu'elle le dise, ce nom ou surnom. Car, aussi vrai que Dieu est Dieu, elle l'avait solidement gravé dans la mémoire. Et voilà que le capitaine était encore plus gentil que d'habitude. Mais est-ce qu'il se prend pour Arsène Lupin ? se demandait le brigadier qui, ne possédant plus que de lointains souvenirs de ses lectures, prenait un voleur pour un policier.

— Essayez de vous rappeler cette « injure », dit le capitaine ; pendant ce temps le brigadier aura bien la gentillesse de nous offrir un café.

« Et même du café, pensa celui-ci. Qu'on ne puisse plus passer les gens à tabac comme on le devrait, admettons ! Mais, du café ! » Toutefois, il se contenta de dire :

— Certainement.

Le capitaine se mit à parler de la Sicile qui est encore plus belle là où elle est le plus âpre, le plus nue. Et de l'intelligence des Siciliens. Un archéologue lui avait raconté avec quelle adresse, quel zèle, quelle délicatesse les paysans travaillent dans les fouilles : mieux que les ouvriers spécialisés du Nord. Et ce n'est pas vrai que les Siciliens soient paresseux. Ce n'est pas vrai qu'ils n'aient pas d'initiative.

Quand on apporta le café, il était encore en train de parler de la Sicile et des Siciliens. La femme le but par petites gorgées, avec une certaine élégance pour la femme d'un élagueur d'arbres. Survolant le panorama littéraire de la Sicile, depuis Verga jusqu'au *Guépard*, le capitaine en était arrivé à cette espèce de genre littéraire qui constituaient, d'après lui, les surnoms, les « injures » qui, souvent, de façon frappante traduisaient par un seul mot tout un caractère. La femme ne le comprenait pas beaucoup, le brigadier non plus, mais il y a des choses que le cœur comprend, si l'intelligence ne les comprend pas ; à leur cœur de Siciliens, les paroles du capitaine étaient un murmure très doux. « C'est bon de l'entendre parler », pensait la femme. Et le brigadier : « Pour parler, tu sais parler ; encore mieux que Terracini. » Pour lui, les idées mises à part, bien entendu, Terracini était le plus grand orateur qu'il eût jamais rencontré au cours des meetings auxquels son service le faisait assister.

— Il y a des « injures » qui saisissent les traits caractéristiques ou les défauts physiques d'un individu, disait le capitaine ; mais il y en a d'autres qui saisissent le caractère moral ; d'autres encore qui ont trait à un événement ou à un épisode particulier. Il y a aussi les « injures » qu'on a par héritage, qui s'étendent à toute une famille, et qu'on trouve jusque sur les cartes cadastrales. Procédons pas ordre. D'abord les injures qui traduisent des caractères et des défauts physiques. Les plus banales : l'Aveugle, le Boiteux, le Bancal, le Manchot... Est-ce qu'elle ressemblait à l'une de celles-là, l' « injure » qu'a dite votre mari ?

— Non, dit la femme en hochant la tête.

— Les ressemblances avec des animaux, des arbres, des objets. Par exemple « le chat » pour un homme qui a des yeux gris ou quelque chose d'autre qui le fait ressembler à un chat. J'ai connu un homme qu'on avait surnommé « *lu chiuppu* », c'est-à-dire « le peuplier » à cause de sa stature et de l'espèce de tremblement qui l'agitait... les objets : voyons un peu les surnoms donnés en raison d'une ressemblance avec quelque objet...

— J'en connais un qu'on a surnommé « Grosse-Bouteille », déclara le brigadier. Il a réellement l'aspect d'une grosse bouteille.

— Si vous permettez, dit le carabinier Sposito que son immobilité rendait presque invisible dans cette salle, si vous permettez, je peux vous en dire quelques-unes, de ces « injures » qui sont des noms d'objets. « Lanterne », d'un homme qui a l'œil exorbité comme une lanterne ; « Poire-cuite » : un homme que la maladie a complètement pourri ; « Abricot » : je ne sais pas pourquoi, peut-être parce que cet homme a une figure inexpressive ; « Hostie-divine », d'un autre qui doit avoir la face ronde et blanche, comme une hostie.

Le brigadier toussota intentionnellement : il ne pouvait admettre la moindre allusion badine à des personnes ou à des choses ayant trait à la religion d'une manière ou d'une autre. Sposito se tut.

Le capitaine regarda la femme avec attention. Elle hocha la tête à différentes reprises en signe de dénégation. Le brigadier, dont les yeux, entre ses deux paupières, semblaient s'être transformés en deux fissures remplies d'eau, se pencha violemment vers elle pour la regarder. Alors, précipitamment, comme si le nom était remonté de son tréfonds dans un brusque sanglot, elle dit :

— Zicchinetta !

— Zicchinetta, c'est un jeu de hasard qu'on joue avec les cartes siciliennes, traduisit aussitôt Sposito.

Le brigadier lui fit les gros yeux : le moment de la philologie était passé. Maintenant, on tenait le nom. Qu'il voulût indiquer un jeu de cartes ou quelque saint du paradis, cela n'avait pas la moindre importance. (Il était tellement excité, il avait dans la tête de telles fanfares de chasse, que le saint du paradis se trouva nez à nez avec les cartes siciliennes.)

Le capitaine, au contraire, avait éprouvé brusquement comme un découragement obscur : une désillusion, une impression d'impuissance. Ce nom, cette « injure » avait fini par sortir, mais uniquement au moment où le brigadier s'était transformé, aux yeux de la femme, en une effrayante menace d'inquisition, d'illégalité. Se rappelait-elle ce nom depuis le moment où son mari l'avait prononcé, était-il faux qu'elle l'eût oublié ou sa mémoire ne l'avait-elle retrouvé qu'à l'occasion de cette peur brusque, désespérante, que lui avait causée le brigadier ? Il était probable que, sans le brigadier, sans cette brusque transformation d'un gros homme débonnaire en une coulée de menace, on ne serait pas arrivé à avoir le nom.

— Le temps de me faire raser, dit le brigadier, je saurai si ce Zicchinetta était du pays : mon barbier connaît tout le monde.

— Va ! lui dit le capitaine d'un air las.

Le brigadier se demanda : « Qu'est-ce qui lui prend ? » Avec cette désillusion qu'il ressentait, voilà qu'il était saisi de nostalgie, le capitaine ; la bande de soleil, faite de poussière dorée, qui tombait sur la table illuminait les groupes bourdonnants des jeunes filles passant à bicyclette sur les routes de l'Emilie, les arbres en filigrane sur le ciel blanc, une grande maison où la ville se confondait avec la campagne, bien douce dans la lumière du soir : une maison « où tu manques », se disait-il avec les expressions d'un poète de sa terre, « aux vieilles habitudes du soir ». Ces paroles, le poète les avait écrites en évoquant un frère mort ; dans la pitié qu'il s'inspirait à lui-même d'être si loin, et dans sa désillusion, le capitaine Bellodi se sentait un peu mort.

La femme le regardait avec appréhension. Ils avaient entre eux ce rai de soleil qui tapait sur la table et qui les séparait et les éloignait l'un de l'autre d'une manière qui, pour lui, tenait de l'irréel mais, pour la femme, de l'obsession, du cauchemar.

— Quel homme était votre mari ? lui demanda le capitaine et, au moment même où il posait cette question, il se rendit compte qu'il était naturel de s'informer sur lui comme s'il était mort.

Perdue comme elle l'était dans ses pensées, la femme ne comprit pas.

— Je désirerais savoir quel caractère il avait, quelles étaient ses habitudes, quels étaient ses amis.

— Il était bon. Il ne connaissait pas autre chose que le travail et la maison. Les jours où il ne travaillait pas, il allait passer quelques heures au Cercle des Cultivateurs-Propriétaires. Le dimanche, il allait au cinéma avec moi. Il n'avait que peu d'amis et c'étaient tous de très braves gens : le frère du maire, un garde municipal...

— N'avait-il jamais eu de querelles, de discussions d'intérêt, d'inimitiés ?

— Jamais. Au contraire, tout le monde l'aimait. Il n'était pas du pays ; et, ici, les étrangers se trouvent toujours bien.

— C'est vrai ; il n'était pas du pays. Comment l'aviez-vous connu ?

— C'est lui qui m'avait connue à un mariage. Un de mes parents épousait une fille de son pays ; je suis allée au mariage avec mon frère. Il m'a vue là et, quand mon parent est revenu de son voyage de noces, il l'a chargé d'aller chez mon père me demander en mariage. Mon père a commencé par prendre des informations, puis il m'en a parlé. Il m'a dit : — C'est un brave garçon, et il a un métier en or. Moi je lui ai dit : — Je ne sais pas la figure qu'il a : je veux d'abord faire sa connaissance. Il est venu un dimanche, non pas pour des fiançailles, mais en ami ; il n'a pas beaucoup parlé, mais, tout le temps, il m'a regardée comme s'il était en extase. Il semblait ensorcelé, disait mon parent. Comme si je l'avais ensorcelé ; il disait ça pour rire, bien entendu. Je me suis décidée à l'épouser.

— Et vous l'aimiez ?

— Bien sûr ; nous étions mariés.

Le brigadier revint, fleurant l'eau de Cologne des barbiers.

— Rien, dit-il. Puis il alla se placer derrière le dos de la femme, et, là, il se livra à l'adresse du capitaine à une mimique frénétique pour lui dire de la renvoyer, qu'il y avait des nouveautés, qu'il avait appris des choses incroyables sur le compte de cette femme. Bien autre chose que Zicchinetta ! disait la main qu'il faisait tournoyer à la hauteur de sa tête.

La dame fut congédiée. Le brigadier sortit immédiatement sa grande nouvelle. Elle avait un amant : un certain Passerello, l'employé qui percevait l'argent des abonnés pour le compte de la Société d'Electricité. C'était là une information sûre, que lui avait donnée don Ciccio, le barbier.

Le capitaine ne manifesta aucun étonnement, mais s'enquit de Zicchinetta, bouleversant ainsi la vieille coutume qui consiste à donner la préférence aux éléments passionnels d'un crime, quand ce crime présente des éléments passionnels.

— Don Ciccio, dit le brigadier, nie absolument qu'il existe dans le pays quelqu'un ayant ce surnom ou « injure », et don Ciccio vaut la Cour de cassation... D'autre part, s'il dit que le pauvre Nicolosi portait des cornes, nous pouvons timbrer et certifier l'existence de ces cornes. Il serait indiqué de prendre ce Passerello et de le faire un peu parler...

— Non, dit le capitaine. Faisons plutôt une petite promenade : une visite à ton collègue de B.

— Entendu, dit le brigadier. Mais il était contrarié.

C'est en silence qu'ils firent ce voyage jusqu'à B., le long d'une mer paisible sur laquelle s'estompaient les couleurs du ciel. Ils trouvèrent l'autre brigadier dans son bureau et, en évidence sur sa table, un dossier consacré à Diego Marchica, dit Zicchinetta, sorti de prison depuis quelques mois en raison d'une amnistie ; ce dossier se trouvait placé bien en vue sur la table du brigadier à cause de quelques confidences que ce dernier avait reçues sur ce jeu de la zecchinetta auquel Marchica s'adonnait au Cercle des Chasseurs ; il y perdait des sommes assez considérables qu'il payait sans délai, chose pratiquement impossible pour un manœuvre en chômage, à moins de disposer de ressources secrètes, certainement illicites.

Né en 1917, Marchica avait commencé sa carrière en 1935 : vol avec effraction, condamnation. En 1938, incendie criminel : ceux dont le témoignage l'avait condamné à l'occasion du vol s'étaient vu brûler leurs gerbes de blé sur leur aire : acquitté pour insuffisance de preuves. En août 1943, vol à main armée, détention de matériel de guerre, association criminelle : jugé par les Américains et acquitté (on ne comprenait guère pour quel motif). En 1946, affilié à une bande armée, arrêté lors d'une fusillade contre les carabiniers : condamné. En 1951, assassinat : acquitté pour insuffisance de preuves. En 1955, tentative d'assassinat au cours d'une rixe : condamné. C'était une chose intéressante que cette accusation d'assassinat qu'on lui avait faite en 1951 : ç'avait été un meurtre sur commande d'après les aveux faits par ses complices aux carabiniers ; mais ces aveux avaient fondu comme neige au soleil au cours de l'instruction : les deux hommes qui avaient avoué montrèrent aux juges et aux médecins des bleus, des excoriations, des ankyloses évidemment dues aux tortures que leur avaient infligées les carabiniers. Ce qu'il y avait de curieux, c'était que Marchica, le seul qui n'eût pas parlé, n'avait pas exhibé le moindre bleu aux juges. Un brigadier et deux carabiniers durent être jugés en raison des tortures par lesquelles ils avaient extorqué ces aveux ; mais ils furent acquittés comme non coupables. Les aveux étaient donc implicitement considérés comme spontanés ; mais le cas n'avait pas été réexaminé, ou peut-être bien, les papiers étaient-ils encore en circulation dans les labyrinthes de la justice.

Le dossier qualifiait Marchica de criminel très adroit et très rusé, et de tueur absolument sûr ; mais capable, au plus fort du jeu ou quand il buvait, de brusques impulsions comme le montrait cette tentative de meurtre au cours d'une rixe. Il y avait aussi, dans le dossier de Marchica, un rapport relatif à un meeting tenu par le député Livigni : c'est entouré de l'élite de la mafia locale, à sa droite le doyen don Calogero Guicciardo, à sa gauche Marchica, que le député s'était présenté au balcon central de la maison des Alvarez. A un certain moment de son discours, il avait dit textuellement : « On m'accuse d'être en rapport avec des gens appartenant à la mafia, et, par conséquent, avec la mafia. Mais moi, je dois vous dire que je ne suis pas encore arrivé à comprendre ce qu'est la mafia, si elle existe ; et je peux, en toute conscience de bon citoyen et de bon catholique, vous jurer que je n'ai jamais connu de ma vie un seul mafieux. » A quoi, du côté de la via Lumia, à l'extrémité de la place où les communistes avaient l'habitude de se grouper quand leurs adversaires tenaient un meeting, on entendit répondre par une simple question, très claire :

— Et ceux qui sont avec vous, qu'est-ce que c'est ? Des séminaristes ?

Là-dessus un éclat de rire s'était propagé dans toute la foule tandis que le député faisait comme s'il n'avait pas entendu la question et commençait à exposer un programme pour l'assainissement de l'agriculture.

Ce rapport, ajouté aux documents concernant Marchica, prévenait de la protection dont jouirait celui-ci dans l'éventualité d'une arrestation. Le brigadier de B. connaissait son métier.

— Il y a du mouvement, dit le vieux. Un mouvement qui ne me plaît pas. La police est en train de tramer quelque chose.

— Elle trame du vent, dit le jeune.

— Ne t'imagine pas que les policiers soient tous des idiots. Il y en a qui sont tout à fait capables d'ôter les souliers des pieds d'un homme comme toi, si bien que tu marches pieds nus sans t'en apercevoir. Je me rappelle qu'en 1935, il y avait ici un brigadier qui avait le flair d'un limier ; d'ailleurs il avait une figure de chien. Dès qu'il arrivait quelque chose il flairait la trace et vous attrapait comme un lièvre à peine sevré. Quel flair il avait, ce fils de... Il était né flic comme on naît prêtre ou comme on naît cocu. Ne va pas croire qu'un homme est cocu parce que les femmes lui plantent des cornes sur la tête ou qu'il se fait prêtre parce qu'à un certain moment la vocation lui vient ; on naît comme ça. Un homme ne se fait pas flic parce qu'à un certain moment il a besoin de gagner quelque chose ou parce qu'il lit un décret de recrutement ; s'il se fait flic, c'est parce qu'il était né flic. Je veux parler de ceux qui sont des flics pour de bon, parce qu'il y en a, les pauvres, qui sont des anges : ceux-là je ne les appelle pas des flics. Un brave homme comme ce brigadier qui était ici pendant la guerre, comment s'appelait-il donc ? Celui qui était bien avec les Américains... tu appelles ça un flic ! Il rendait beaucoup de services, et nous, nous lui en rendions aussi : des caisses de pâtes, des dames-jeannes d'huile. Un vrai brave homme. Il n'était pas né flic, voilà... Mais ce n'était pas un idiot. Nous, ceux que nous appelons flics, ce sont tous ceux qui ont sur leur casquette une flamme et les lettres V.E. [1].

— Tu veux dire ceux qui l'avaient.

— C'est vrai : ceux qui l'avaient ; j'oublie toujours que le roi n'est plus là. Mais, parmi eux, il y a des idiots, il y a de braves gens et il y a de vrais flics, des flics-nés. C'est la même chose pour les prêtres : est-ce qu'on peut appeler prêtre le père Frazzo ? Tout le bien qu'on peut dire de lui, c'est qu'il est un bon père de famille. Mais le père Spina, en voilà un qui est né « curé ».

— Et les cocus ?

— Bon : j'en viens aux cocus. Un homme découvre les intrigues qui ont lieu chez lui et fait un carnage : il n'est pas né cocu. Mais, s'il ne fait mine de rien ou s'il tire son pain de ses cornes, alors il est né cornard et cocu. Maintenant je vais te dire comment on reconnaît le flic-né. Il arrive dans un pays, tu commences à entrer en relation

1. Victor-Emmanuel.

avec lui, tu lui fais des gentillesses, des bassesses ; au besoin, s'il est marié, tu vas chez lui avec ta femme, les femmes deviennent des amies, les gens vous voient ensemble et pensent que vous êtes une paire d'amis. Et toi, tu as l'illusion qu'il voit en toi un homme aimable, de bons sentiments, d'une amitié à toute épreuve alors que, pour lui, tu n'es que l'individu défini par les papiers qu'il a dans son bureau. Si tu as eu une contravention, même au moment où vous prenez le café dans ton salon, tu n'es pas autre chose qu'un homme qui a eu une contravention. S'il t'arrive de faire quelque chose d'interdit, une toute petite chose, même si vous êtes seuls tous les deux et que le Père Eternel ne te voit pas, il te dresse une contravention comme rien. Tu peux imaginer si tu fais une erreur plus importante ! Je me rappelle qu'en 1927 nous avions ici un brigadier qui, chez moi, faisait, comme on dit, la pluie et le beau temps. Il ne se passait pas un jour sans que sa femme et ses enfants ne viennent nous trouver : nous étions tellement amis que le plus petit de ses enfants, un petit garçon de trois ans, disait « ma tante » à ma femme. Un jour, je le vois qui arrive à la maison avec un mandat d'arrêt. Je sais bien que c'était son devoir ; c'étaient de sales moments, nous avions Mori [1]...

1. Le préfet Cesare Mori fut envoyé en Sicile par Mussolini avec pleins pouvoirs pour supprimer la mafia. Il opéra des milliers d'arrestations. Entre 1926 et 1927, les statistiques de la criminalité en Sicile montrèrent une baisse notable et Mussolini put parler à la Chambre (26 mai 1927)

Mais comment ne m'a-t-il pas traité ! Comme si nous ne nous étions jamais vus, jamais connus. Et comment n'a-t-il pas traité ma femme, quand elle est allée à la caserne pour savoir quelque chose. Un chien enragé... Le proverbe a bien raison : *Cu si mitti cu li sbirri ci appizza lu vinu e li sicarri*[1]. Avec ce brigadier-là, c'est bien vrai que j'ai perdu mon vin et mes cigares. Car il buvait mon vin et fumait mes cigares et sans se gêner !

— En 1927, c'était différent, dit le jeune. C'était le fascisme. C'était Mussolini qui faisait les députés, les podestats, tout ce qui lui passait par la tête. Maintenant, c'est le peuple qui fait les maires et les députés.

— Le peuple ! ricana le vieux. Le peuple ! Le peuple a toujours été cocu et reste cornard et cocu ! L'unique différence, c'est que le fascisme n'accrochait qu'un seul drapeau aux cornes du peuple, tandis que la démocratie laisse chacun se l'accrocher lui-même, à ses propres cornes, en choisissant la couleur qui lui plaît... Nous en revenons à ce que je disais tout à l'heure : il n'y a pas seulement certains hommes qui naissent cocus, mais des peuples entiers. Cocus depuis l'antiquité. Une génération après l'autre.

— Moi, je ne me sens pas cocu ou cornard, dit le jeune.

— Moi non plus. Mais nous, mon cher, nous

---

d'une « courageuse opération chirurgicale fasciste ». Mais la mafia était loin d'être éliminée.

1. En français : « Que se lie d'amitié avec les flics y perd son vin et ses cigares. »

marchons sur les cornes des autres. C'est comme si nous dansions.

Et le vieux, se levant, esquissa un pas de danse pour indiquer la façon dont on marche sur des cornes, d'une pointe à l'autre.

Le jeune homme rit. C'était un plaisir que d'entendre parler son ami. Le mélange de froide violence et d'astuce qui le rendait fameux dans sa jeunesse, la façon dont il savait calculer les possibilités, la vivacité de son esprit et de sa main — en somme toutes les qualités qui lui avaient valu le respect et la peur dont il était entouré — semblaient parfois se retirer de lui comme la mer du rivage, en abandonnant sur le sable des ans de simples coquilles vidées de leur sagesse. « Il devient philosophe, parfois », pensait le jeune homme qui considérait la philosophie comme une sorte de jeu de miroirs dans lesquels de longs souvenirs et un bref avenir se renvoyaient une vague lueur crépusculaire d'idées, et aussi des images incertaines et déformées de la réalité. Mais, par instants, on voyait émerger, à nouveau, l'homme dur, impitoyable qu'il avait été. Quand il retrouvait son jugement le plus juste et le plus sévère sur les choses du monde, ce qu'il y avait de curieux, c'était le déluge de « cornes » et de « cornards » qui fleurissait ses expressions. Avec des sens et des nuances différents, mais qui, toujours, indiquaient le mépris.

— Ce sont de belles inventions que le peuple et la démocratie, dit le vieux en se rasseyant, quelque peu essoufflé, après la démonstration qu'il venait de faire. Ce sont de belles inventions.

Des choses inventées par des gens assis à leur bureau, qui savent enfiler un mot dans le cul d'un autre mot et tous les mots dans le cul de l'humanité, sauf votre respect.

Je dis sauf votre respect par rapport à l'humanité. Ce n'est qu'une forêt de cornes, l'humanité, plus épaisse que le bois de la Ficuzza quand c'était encore un vrai bois. Et tu sais ceux qui s'en paient, des promenades sur les cornes des gens ? Tout d'abord, fais-y bien attention : les prêtres. Ensuite, les politiciens, et plus ils disent qu'ils sont avec le peuple, qu'ils veulent le bien du peuple, plus ils appuient les pieds sur les cornes. En troisième lieu, ceux qui sont comme toi et moi... Il est vrai qu'on court le risque de faire un faux pas et d'être empalé par les cornes ; aussi bien moi que les prêtres et les politiciens ; mais, quand bien même elle m'entrerait dans les tripes, une corne est toujours une corne et celui qui l'a sur la tête est un cornard... C'est une satisfaction, sang de Dieu, c'est une satisfaction ; ça tourne mal pour moi, je crève, mais vous n'êtes que des cornards et des cocus ! A propos, ce cocu de Parinieddu me donne des soupçons : tous ces flics en mouvement me font penser qu'il doit avoir mis la patte là-dedans. Hier, quand il m'a rencontré, il a changé de couleur. Il a fait semblant de ne pas me voir et s'est esquivé. Alors moi je dis : je t'ai laissé faire ton métier d'espion parce que je sais qu'il faut bien que tu vives ; mais tu ne dois le faire que raisonnablement, tu n'as pas à t'attaquer à la Sainte Eglise. (Par Sainte Eglise il voulait parler de lui-même, qui était inviolable, et du nœud sacré d'amitiés qu'il représentait et gardait.)

Il continua de s'adresser à Parinieddu comme s'il l'avait en face de lui et lui déclara avec une solennité glaciale :

— Si tu t'attaques à la Sainte Eglise, que puis-je bien te faire, mon cher ? Rien du tout. Je te dis seulement que tu es mort dans le cœur des amis.

Ils observèrent un moment de silence comme pour réciter un requiem en l'honneur de l'homme qui était mort dans leur cœur. Puis le vieux dit :

— Diego, moi je l'enverrais se distraire quelques jours loin d'ici, il me semble qu'il a une sœur à Gênes.

Diego Marchica fut arrêté au Cercle des Chasseurs à neuf heures du soir. Le brigadier de B. aurait voulu faire d'une pierre deux coups : surprendre les joueurs au beau milieu d'une partie de zecchinetta qui est un jeu de hasard et arrêter Diego. Mais les joueurs, y compris Diego, étaient absorbés dans la plus innocente des belotes : évidemment une sentinelle avait annoncé l'approche des carabiniers ; belote ou non, Diego, d'abord indigné puis soumis, fut emmené à la caserne au milieu des commentaires généraux. Ces commentaires n'arrivaient aux oreilles des carabiniers que comme des expressions d'étonnement et de commisération (Mais qu'est-ce qu'il a fait ? Il ne s'occupait que de ses affaires ! Il ne gênait personne !), mais sous-entendaient le vœu presque unanime que Diego coulât le reste de ses jours dans les prisons de sa patrie.

Tandis qu'on arrêtait Diego à B., à S. le nom de Parinieddu donnait le chiffre par lequel la cabale des joueurs de loterie désigne l'homme assassiné. Unique forme de survivance — à part une âme immortelle — à laquelle il fût destiné.

Calogero Dibella, dit Parinieddu, avait passé ses vingt-quatre dernières heures de vie comme il arrive qu'en rêve on traverse des forêts à n'en plus finir, si hautes et si épaisses qu'elles arrêtent toute lumière, et plus impénétrables que des buissons de ronces. Pour la première fois depuis qu'il exerçait son métier d'indicateur, il avait donné aux carabiniers un fil qui, bien tiré, pouvait démailler tout un tissu d'amitiés et d'intérêts constituant la trame de son existence. Habituellement, ses confidences n'atteignaient que des personnages étrangers à cette trame d'amitiés et d'intérêts ; d'imprévoyants voyous qui voyaient un soir un hold-up au cinéma et, le lendemain, partaient arrêter l'autobus, en somme des criminels de petite envergure, isolés, sans protection. Mais, cette fois, la chose était différente. Il est certain qu'il avait donné deux noms dont l'un était celui de ce La Rosa qui n'entrait pour rien dans l'affaire. Mais l'autre était un nom sûr : le bon fil. Dès le moment où il l'avait prononcé, il n'avait plus connu de répit ; son corps n'était plus qu'une éponge imbibée de terreur ; même sa brûlure au foie et son douloureux élancement au cœur semblaient avoir disparu.

Pizzuco, qui avait voulu le retenir au café Gulino pour lui offrir un amer, comme il l'avait fait si souvent, fut sidéré du refus de Parinieddu et de son brusque mouvement de retraite : une sorte de fuite ; il réfléchit à cela toute la journée car il n'avait pas l'esprit vif. De son côté, pendant toute la journée, Parinieddu traduisit en termes funèbres cette offre d'un amer : une amère trahison, une mort amère sans tenir le moindre compte de l'affection notoire — une cirrhose d'après le médecin — de Pizzuco pour l'amer. Un amer sicilien, bien entendu, de la société Averna frères : c'était sur cet amer que se fondait la foi séparatiste toujours vivante de Pizzuco, ex-combattant de l'E.V.I.S. [1], à ce qu'il disait, et simple partisan du bandit Giuliano, d'après la police.

Beaucoup d'autres notèrent aussi l'égarement de Parinieddu, son allure inquiète qui faisait penser à un homme ayant un mâtin à ses trousses ; et ceux qui le notèrent le plus furent ceux qu'il craignait et voulait éviter. Puis ce fut la rencontre de l'homme qu'il redoutait le plus, l'homme capable de savoir déjà où tout au moins de deviner ce qui avait été dit, confidentiellement, entre les quatre murs d'un bureau. Il avait fait semblant de ne pas le voir ; il avait tout de suite tourné le coin de la rue, mais l'autre l'avait

1. Esercito Volontario Indipendenza Siciliana : mouvement en faveur de l'autonomie de la Sicile, qui compta effectivement, au nombre de ses officiers, le bandit Giuliano.

vu et son regard, apparemment éteint sous de lourdes paupières, l'avait suivi.

A partir de cette rencontre, les vingt-quatre dernières heures de vie de l'indicateur furent atroces et frénétiques. Le rêve d'une fuite, qu'il savait impossible, alternait chez lui avec la vision de son propre corps mort. La fuite, c'était le long sifflement des locomotives, la campagne que la course du train lui ouvrait, les villages qui roulaient lentement avec des femmes aux fenêtres et des fleurs aux vives couleurs ; puis un brusque tunnel, et des paroles de mort scandées par le rythme du train : les noires eaux de la mort se refermant sur lui.

Sans le savoir, en trois journées d'inquiétude, de faux pas, de visibles sursauts et de terreurs, c'est lui qui avait creusé sa fosse. Voilà qu'on allait l'abattre « comme un chien », pensait-il, mais il croyait que la mort lui venait en raison de l'infamie qu'il avait commise et qu'on savait, ou tout au moins qu'on soupçonnait, et non pas parce que sa peur, explosant en lui comme une folie, avait fait de sa personne la vivante image de la trahison consommée. Les deux noms qu'il avait laissés échapper n'étaient inscrits que dans la mémoire du capitaine Bellodi ; lequel, désirant éviter un troisième mort, avait l'intention absolue de protéger l'indicateur ; mais Parinieddu, les nerfs brisés par l'angoisse, voyait ses « confidences » voler dans l'air comme de la balle de blé. Perdu désormais, à l'aube de ce qui devait être sa dernière journée il écrivit au capitaine, sur une mince feuille de correspondance par avion, deux noms, suivis de l'avertissement « je suis mort » et, en guise de formule finale de politesse, « mes respects : Calogero Dibella ». Il alla porter la lettre à un moment où le pays était encore désert et passa toute la journée soit à errer dans les rues, soit à rentrer précipitamment parce que dix fois il avait décidé de s'enfermer chez lui et dix fois de se faire tuer ; il finit par prendre la décision de se cacher : ce fut alors que deux infaillibles coups de pistolet l'abattirent sur la porte de chez lui.

Le capitaine ne lut sa lettre qu'après avoir appris sa mort. Une fois qu'il eut donné au brigadier de B. ses instructions pour l'arrestation de Marchica, le capitaine Bellodi, très fatigué, était rentré directement chez lui, à C. Quand on le prévint de l'assassinat de Dibella, il descendit à son bureau et, dans le courrier de l'après-midi, trouva la lettre de Dibella. Il en ressentit une profonde impression.

Cet homme disparaissait de la scène du monde sur une dernière délation : la plus précise et la plus explosive qu'il eût jamais faite. Deux noms au milieu de la page. En dessous, comme en marge, son message désespéré, ses « respects » et sa signature. Ce qui impressionnait le capitaine, ce n'était pas la portée de la délation ; c'était le désespoir, l'agonie qui l'avait suscitée. Ces « respects » le touchaient d'une pitié fraternelle et lui causaient une gêne douloureuse. La pitié et la gêne de celui qui, sous un aspect condamné, réprouvé, voit brusquement à nu le cœur humain dans toute sa tragédie. Par sa mort, par son dernier salut, l'indicateur se rapprochait de lui, ses « confidences » devenaient plus humaines; elles continuaient d'être gênantes et désagréables; mais trouvaient chez l'homme à qui elles s'adressaient une réponse compatissante, religieuse.

C'est de cet état d'âme que naquit, brusquement, la colère. Le capitaine perçut les limites dans lesquelles la loi l'obligeait à se mouvoir; à l'instar de ses sous-officiers, il rêva d'une exceptionnelle liberté d'action; rêve qu'il avait toujours condamné chez ses brigadiers. Une exceptionnelle suspension des garanties constitutionnelles en Sicile, juste pour quelques mois, et l'on pourrait extirper le mal à jamais. Mais les répressions de Mori, le fascisme, lui revinrent à la tête et il retrouva la mesure de ses propres idées, de ses propres sentiments. Cependant sa colère persistait, une colère d'homme du Nord qui s'en prenait à la Sicile entière, la seule région de toute l'Italie à qui, en fait, le fascisme avait donné la liberté, cette liberté qui consiste en la sécurité des biens et de la vie. Toutes les libertés que cette liberté qui leur avait été donnée à eux seuls avait coûté aux autres, les Siciliens les ignoraient et voulaient les ignorer. Ils avaient vu au banc des accusés tous les « don » et tous les « oncles », les tout-puissants caïds des élections et les commandeurs de la couronne d'Italie, les médecins et les avocats qui faisaient partie des organisations criminelles ou les protégeaient; des magistrats faibles ou corrompus avaient été destitués; des fonctionnaires complaisants avaient été mutés. Pour le paysan, pour le petit propriétaire, pour l'ouvrier des soufrières, c'était ce langage de liberté que parlait la dictature. « Peut-être bien, pensait le capitaine, est-ce la raison pour laquelle il y a tant de fascistes en Sicile. Ce n'est pas seulement parce qu'eux n'ont vu le fascisme que comme une mascarade tandis que nous, après le 8 septembre, nous l'avons enduré comme une tragédie ; ce n'est pas seulement ça. C'est que, dans la situation dans laquelle ils se trouvaient, une seule liberté leur suffisait ; les autres libertés, ils n'auraient pas su qu'en faire. » Mais ce n'était pas encore là un jugement serein.

Tout en cherchant en lui-même à développer ces idées tantôt claires et tantôt confuses par manque d'information, il s'était déjà mis en route pour S. dans une nuit que la lumière glaciale de ses phares rendait plus vaste et plus mystérieuse encore : un antre illimité de schistes étincelants et d'apparitions d'une éblouissante blancheur.

Le brigadier de S. avait passé une journée terrible et la nuit qu'il se préparait à passer serait pire : les eaux du sommeil qui, de temps en temps, le submergeaient étaient insidieuses dans leur silence. Du village voisin, il avait emmené avec lui Marchica, lequel, à vrai dire, s'était montré paisible et à demi endormi : aussi paisible qu'un petit chiot tétant sa mère. C'était avec la même tranquillité qu'il était entré dans le cachot de la maison d'arrêt ; et la porte n'était pas encore refermée sur lui qu'il se jetait sur le bat-flanc à la façon d'un paquet d'os.

Comme si Marchica ne suffisait pas, le brigadier avait encore eu la surprise d'un mort en fin de journée. Il y en avait suffisamment pour faire perdre patience à l'homme le plus paisible. Mais la langueur de la faim s'ajoutant à sa fatigue, le brigadier ne ressentait qu'un grand sommeil. Et voilà que, juste au moment où il s'esquivait pour aller prendre un café, alors qu'il se trouvait au seuil du bar, la voix du capitaine qui venait d'arriver l'arrêta net. Ça, ça voulait vraiment dire qu'on était né sous une mauvaise étoile, tout au moins en ce qui concernait les rapports avec les supérieurs. Mais le capitaine vint à lui, prit un café lui aussi, et tint à payer les deux bien que le patron du bar protestât, invoquant le plaisir qu'avait le bar — impersonnellement — à offrir un café au capitaine et au brigadier. Cela suffit pour faire évanouir la mauvaise humeur du brigadier, comme tombe la mousse d'un bock de bière, alors qu'il était en train de penser : « Voilà qu'il va se mettre dans la tête que, dans ce bar, j'ai des consommations gratis ! » Mais le capitaine avait bien d'autres soucis.

Le corps de Parinieddu était encore sur la chaussée, couvert d'une bâche bleuâtre. Les carabiniers de garde soulevèrent la bâche : le corps était contracté, dans l'obscure matrice de la mort, comme dans le sommeil prénatal. Il avait écrit : « Je suis mort » et voilà qu'il était mort à peu près sur le seuil de sa maison ; à travers les fenêtres fermées on entendait les gémissements de douleur de sa femme, le chuchotement des voisines accourues pour la consoler. Le capitaine le regarda un moment et fit signe de le recouvrir : la vision des morts l'avait toujours troublé, mais elle le troublait à ce moment d'une façon particulière. Suivi du brigadier, il retourna à la caserne.

Il exposa son plan qui était d'arrêter tout de suite les deux hommes dont Parinieddu lui avait livré le nom comme dernière « confidence », de les interroger d'une façon et dans des conditions qu'il avait déjà habilement projetées : séparément mais presque simultanément ; ces deux-là et le troisième dont il s'était assuré déjà. Le brigadier estima facile, c'est-à-dire sans ennuis éventuels par la suite, l'arrestation de Rosario Pizzuco, mais, pour le second nom, celui que l'indicateur n'avait eu le courage d'écrire qu'une fois mort, comme il disait, il eut la vision nette de l'Iliade d'ennuis qui, d'échelon en échelon, dégringolant et rebondissant comme une balle de caoutchouc, finirait par ricocher jusque sur son nez à lui, Arturo Ferlisi, brigadier-chef commandant la section de S., pas pour longtemps du reste, étant donné la tournure que prenaient les choses. Paniqué, il fit respectueusement envisager ces conséquences au capitaine. Le capitaine les avait déjà considérées. Rien à faire : on attache l'âne là où le veut le patron. Mais le brigadier Ferlisi avait l'impression d'attacher l'âne au milieu des porcelaines : les conséquences de ses coups de pied ne manqueraient pas d'être mémorables.

— Je ne comprends pas. Réellement, je ne comprends pas : un homme comme don Mariano Arena ; un brave homme ne pensant qu'à son foyer et à la religion ; et puis un homme d'âge, le pauvre, et tellement patraque, et avec tant de croix sur le dos... Voilà qu'on l'arrête comme un criminel, alors que vous me permettrez de dire que tant de vrais criminels se pavanent sous nos yeux, je pourrais dire sous vos yeux ; mais je sais bien tout ce que personnellement vous essayez de faire et j'apprécie beaucoup votre travail, même si je ne suis pas en mesure de l'apprécier à son juste mérite.

— Je vous remercie. Mais nous faisons tous tout ce qui est possible.

— Non, permettez-moi de le dire... Quand on vient nuitamment frapper à la porte d'une maison honorable, oui, d'une maison honorable, pour arracher de son lit un pauvre diable qui n'est pas seulement vieux, mais souffrant, et qu'on le traîne en prison comme un malfaiteur, en jetant une famille entière dans la consternation et dans l'angoisse ; non, permettez-moi de le dire : non seulement ce n'est pas quelque chose d'humain, mais ce n'est pas quelque chose de juste.

— Mais on a des raisons bien fondées de soupçonner...

— Fondées en quoi ? Fondées sur quoi ? Un homme perd la tête, vous envoie un billet où il inscrit mon nom : alors, vous arrivez et, vieux comme je suis, sans aucune considération pour mon passé d'honnête homme, vous me poussez en prison le plus tranquillement du monde...

— A vrai dire, le passé d'Arena n'est pas sans tache...

— Une tache ? Mon cher ami, laissez parler un

Sicilien et un homme, ce que je suis, si l'homme que je suis mérite un peu votre confiance. Ici, le fameux Mori a fait couler bien du sang et bien des larmes... C'est un des côtés du fascisme dont il vaut mieux ne pas parler, de grâce... Et faites bien attention que je n'en suis pas un détracteur, du fascisme... Il y a même des journaux qui me traitent tranquillement de fasciste. D'ailleurs, est-ce qu'il n'y avait rien de bon dans le fascisme ? Il y avait de bonnes choses ; et comment ! Cette chienlit à laquelle on donne le nom de liberté, ces poignées de boue qui traversent l'air pour aller frapper les vêtements les plus immaculés, les sentiments les plus purs... Mais laissons tomber... Ici, comme je vous le disais, Mori a été un vrai fléau de Dieu : il passait et ramassait, comme on dit ici, « les verts et les mûrs », ceux qui n'avaient rien fait, tout comme ceux qui avaient fait quelque chose, selon sa fantaisie et celle de ceux qui lui servaient d'espions. Ç'a été un martyre, mon ami, pour la Sicile entière. Maintenant, vous venez me parler de taches. Quelles taches ? Si vous connaissiez don Mariano Arena comme je le connais, vous ne parleriez pas de taches. Un homme, permettez-moi de le dire, tel qu'il n'y en a pas beaucoup ; je ne dis pas pour sa foi totale parce que, je ne veux pas examiner si vous avez raison ou tort, cela peut ne pas vous intéresser ; je dis pour son honnêteté, son amour du prochain, sa sagesse... Un homme exceptionnel, je vous assure ; surtout si l'on considère qu'il n'a pas d'instruction, pas de culture. Mais vous savez combien la pureté du cœur vaut mieux que la culture. Donc, prendre un homme semblable comme un malfaiteur, c'est une chose qui, permettez-moi de vous le dire avec ma sincérité habituelle, fait précisément penser à l'époque de Mori.

— Mais la voix populaire désigne Arena comme chef de la mafia.

— La voix populaire... Mais qu'est-ce que c'est que la voix populaire ? Une voix en l'air, une voix de l'air : elle apporte la calomnie, la diffamation, la lâche vengeance... D'ailleurs... qu'est-ce que c'est bien que la mafia ? C'est aussi un bruit qui court, la mafia : tout le monde dit qu'elle existe, mais personne ne sait où elle est. Un bruit, un bruit qui court, et qui assourdit les têtes faibles, permettez-moi de vous le dire... Vous savez ce que disait Victor-Emmanuel Orlando ? Je vous cite ses propres paroles qui, éloignés comme nous le sommes de ses conceptions, n'en prennent que plus d'autorité dans notre bouche, permettez-moi de vous le dire. Il disait...

— Mais la mafia existe, tout au moins dans certaines de ses manifestations que j'ai pu constater.

— Vous me peinez, mon enfant, vous me peinez, en tant que Sicilien et en tant qu'homme raisonnable, ce que j'ai la présomption d'être... Rien à voir, bien entendu, avec ce que je représente, tout indigne que j'en sois... Mais le Sicilien que je suis, et l'homme raisonnable que je présume être, se révoltent contre cette injustice à l'égard de la Sicile et contre cette offense à la raison... Notez bien que j'écris toujours la raison avec un *r* minuscule... Dites-moi s'il est possible de concevoir l'existence d'une association criminelle assez vaste et bien organisée et assez secrète, assez puissante pour dominer non seulement la moitié de la Sicile, mais les Etats-Unis d'Amérique, avec un chef résidant ici, en Sicile, qui reçoit la visite des journalistes et qu'ensuite les journaux présentent, le pauvre, sous les couleurs les plus sombres... Mais le connaissez-vous ? Moi : oui. Un brave homme, un père de famille exemplaire, un travailleur infatigable. Il s'est enrichi, bien sûr qu'il s'est enrichi, mais par son travail. Lui aussi, il a eu des démêlés avec Mori... Il y a des hommes respectés en raison de leurs qualités, de leur savoir-faire, de leur faculté de communiquer, de créer immédiatement un rapport de sympathie, d'amitié ; et ce que vous appelez la voix publique, et qui est en fait le vent de la calomnie, s'élève aussitôt pour dire : voilà les chefs de la mafia. Mais il y a une chose que vous ne savez pas ; c'est que ces hommes que la voix publique vous indique comme des chefs de la mafia ont une qualité que je souhaiterais fort retrouver chez tous les hommes, qui suffirait à sauver tous les hommes aux yeux de Dieu : le sens de la justice. C'est un sens instinctif, naturel, un don... Et ce don de la justice fait d'eux un objet de respect.

— C'est là le point discutable. L'administration de la justice revient à l'Etat et l'on ne saurait admettre que...

— Je parle du sens de la justice et non pas de l'administration de la justice... Admettons par exemple que nous nous chamaillions tous deux pour un lopin de terre, pour un héritage, pour une dette et qu'un troisième arrive pour nous mettre d'accord, pour résoudre le différend... en un certain sens il administre la justice. Mais savez-vous ce qui nous serait arrivé à tous deux si nous avions continué à nous chamailler devant *votre* justice ? Des années se seraient écoulées et peut-être que par impatience, par rage, l'un de nous deux ou bien tous les deux à la fois, nous nous serions laissés aller à la violence... En somme, je ne crois pas qu'un homme qui est pour la paix, qui apporte la paix, usurpe le rôle de justicier que l'Etat détient ; au contraire, c'est tout à fait légitime...

— Si on met les choses sur ce plan-là...

— Sur quel plan voulez-vous les mettre ? Sur le plan de votre collègue qui a écrit un livre sur la mafia qui, permettez-moi de vous le dire, révèle une telle imagination que je ne me serais jamais attendu à quelque chose de semblable de la part d'un homme responsable...

— Pour moi, la lecture de ce livre a été extrêmement instructive...

— Si vous voulez dire qu'il vous a appris du nouveau, c'est bon ; mais que ce dont ce livre parle existe vraiment c'est une autre paire de manches. Mettons tout de même les choses sur un autre plan. Un procès a-t-il jamais révélé qu'il existe une association criminelle appelée mafia, à laquelle on puisse attribuer en toute certitude la commande et l'exécution d'un crime ? A-t-on jamais trouvé un document, un témoignage, une preuve quelconque établissant un rapport certain entre un fait criminel et ce qu'on appelle la mafia ? Si ce rapport n'existe pas, et en admettant que la mafia existe, moi je peux vous dire : c'est une société de secours mutuels secrets, au même titre que la franc-maçonnerie. Pourquoi n'attribuez-vous pas certains crimes à la franc-maçonnerie ? Il y a tout autant de preuves que la franc-maçonnerie se livre à des actes criminels qu'il y en a contre la mafia...

— Moi je crois...

— C'est moi qu'il faut croire. Laissez-vous tromper par moi : étant donné ce que je représente, tout indigne que j'en sois, Dieu sait si je veux et si je peux vous tromper !... Je vous déclare que, lorsqu'en vertu de l'autorité dont vous êtes investi vous dirigez, comment dire ? vos attentions sur des personnes que la voix publique désigne comme appartenant à la mafia, uniquement parce qu'elles sont considérées comme « mafieuses » sans preuves concrètes, ni de l'existence de la mafia ni de l'appartenance à la mafia de ces personnes, eh bien, la persécution que vous exercez est injuste aux yeux de Dieu... Et c'est le cas de don Mariano Arena... Quant à l'officier qui l'a arrêté, avec une légèreté, permettez-moi de vous le dire, indigne des traditions de l'Arme, nous dirons de lui, selon Suétone, que *ne principum quidem virorum insectatione abstinuit...* Ce qui, vulgairement traduit, revient à dire que don Mariano est aimé et respecté par tout un pays, que j'ai une prédilection pour lui, et je vous prie de croire que je n'ai pas de prédilections à la légère, que le député Livigni et le ministre Mancuso l'aiment énormément...

Les vingt-quatre heures de l'arrestation préventive étaient échues pour Marchica; elles allaient l'être pour Arena et Pizzuco. A neuf heures précises, alors que Marchica faisait le diable à quatre derrière la porte de la cellule pour exiger le respect de ses droits, qu'il connaissait fort bien, le brigadier l'informa qu'une mesure du Procureur de la République prolongeait sa détention préventive de quarante-huit heures encore. Rassuré sur la forme, Marchica redevint tranquille et fort indifférent à la matière, en l'espèce le dur bat-flanc sur lequel il s'étendit de nouveau, avec une certaine volupté semblait-il. Le brigadier retourna dans son bureau en ruminant le fait que Marchica avait appelé à neuf heures précises alors qu'il n'avait pas de montre, sa montre-bracelet se trouvant avec son portefeuille, sa cravate et ses lacets de souliers dans un tiroir dudit bureau.

A dix heures, le brigadier vint réveiller Marchica et lui restitua ses effets. Marchica crut qu'on allait le libérer et toute la croûte de sommeil, de préoccupation et de barbe, qui couvrait son visage fondit dans un sourire de triomphe. Mais une automobile l'attendait à la porte de la caserne; le brigadier le poussa à l'intérieur où se trouvait déjà un carabinier; un autre carabinier y entra après lui, si bien que Marchica se trouva coincé entre deux carabiniers sur le siège arrière d'une 600. Il invoqua le Code de la route, et le brigadier qui avait déjà pris place à côté du chauffeur fut si surpris qu'il lui répondit avec une gentillesse évasive : « Vous êtes maigres tous les trois. »

A C., Pizzuco et Arena étaient déjà dans deux cellules préventives de la Section. Le capitaine avait pensé qu'en les gardant une journée entière au bain-marie de la cellule préventive, l'interrogatoire auquel il les soumettrait aurait un résultat meilleur ; qu'une nuit et un jour d'inconfort et d'incertitude pèseraient d'un juste poids sur ces hommes.

Il commença par Marchica.

La Section avait son siège dans un ancien couvent : le plan en était rectangulaire et sur chaque côté il y avait deux rangées de chambres séparées par un corridor : une rangée avait ses fenêtres qui donnaient sur la cour, l'autre des fenêtres ouvrant sur la rue. A cette construction, plutôt harmonieuse, les préoccupations gouvernementales du Sicilien Francesco Crispi et de son ministère, encore plus tourmenté que lui, en avaient ajouté une autre, disgracieuse, informe, aspirant à reproduire en plus petit le plan de la première, mais cette construction avait l'air d'une copie qu'un petit enfant pourrait faire du dessin d'un ingénieur : à la place de la cour il y avait une « lanterne » dominant une courette de simple aération et les deux constructions communiquaient ensemble par des escaliers vertigineux et des corridors béants où l'on ne pouvait guère se retrouver qu'au prix d'une longue expérience.

Cette nouvelle construction avait toutefois l'avantage d'offrir des pièces plus grandes que l'ancienne ; le premier étage était destiné aux bureaux ; au second se trouvait l'appartement du commandant de la section.

Le bureau du commandant avait une grande fenêtre donnant sur la courette d'aération ; en face, et pourvu de la même fenêtre, le bureau du lieutenant ; entre les deux fenêtres il y avait si peu d'espace qu'en se penchant, deux personnes auraient pu se passer des papiers d'un bâtiment à l'autre.

Etant donné la façon dont la table était placée, Marchica s'assit en face de la fenêtre ; il avait à sa droite la porte du bureau.

— Vous êtes né à B. ? lui demanda le capitaine.

— Parfaitement, répondit Marchica d'un ton résigné.

— Et vous avez toujours résidé à B. ?

— Pas toujours ; j'ai été soldat, et j'ai passé quelques années en prison.

— J'imagine que vous connaissez beaucoup de gens, à B. ?

— C'est mon pays. Mais vous savez ce qu'il en est. Il suffit qu'on reste absent deux ans, les petits garçons sont devenus des jeunes gens, les vieux sont encore plus vieux... Ne parlons pas des femmes ; on les laisse alors qu'elles jouent dans la rue avec des noisettes ; deux ans plus tard on les retrouve avec des marmots accrochés à leur jupe et éventuellement le corps déformé...

— Mais ceux qui sont de notre âge, qui ont

toujours habité notre quartier, qui jouaient avec nous quand nous étions enfants, on a vite fait de les reconnaître, n'est-ce pas ?

— C'est certain, dit Marchica, qui commençait à se sentir préoccupé du tour paisible de la conversation plutôt que des questions elles-mêmes.

Le capitaine garda un instant le silence, comme s'il était brusquement distrait de ses pensées. Marchica regardait à travers la fenêtre le bureau d'en face vide et éclairé : le capitaine avait eu soin de n'allumer dans son bureau qu'une seule lampe, celle de sa table, et de la tourner de telle sorte qu'elle éclairât la table à côté de la sienne où le brigadier tapait à la machine : aussi Marchica pouvait-il voir parfaitement ce qui se passait dans l'autre bureau.

— Alors, sans doute avez-vous connu un certain Paolo Nicolosi...

— Non, dit précipitamment Marchica.

— Impossible, dit le capitaine. Peut-être bien qu'en ce moment vous ne pouvez pas vous souvenir de lui parce qu'il y a bien des années qu'il a quitté B. ; mais je vais essayer de rafraîchir vos souvenirs... Nicolosi logeait via Giusti, une rue qui donne dans la via Monti que vous avez toujours habitée, sauf erreur. Son père n'était qu'un petit propriétaire, mais il exerçait le métier d'élagueur d'arbres, et c'est ce même métier que fait le fils, qui réside à S., où il s'est marié...

— Maintenant que vous m'avez dit tout cela, il me semble bien que je m'en souviens.

— Ça me fait plaisir... D'ailleurs, ce n'est pas

difficile de se rappeler certaines personnes, certaines choses, surtout lorsqu'elles sont liées à cette heureuse époque de notre vie qu'est notre enfance...

— Nous jouions ensemble ; je m'en souviens ; mais il était plus jeune que moi ; et quand j'ai été emprisonné la première fois — injustement, aussi vrai qu'est vrai le Dieu du Saint Sacrement — il était encore petit garçon et je ne l'ai pas revu depuis...

— Comment est-il ? Sa figure, veux-je dire. Son physique...

— Il est de ma taille ; il a les cheveux blonds et les yeux bleus...

— Il a des moustaches, affirma le capitaine.

— Il en avait avant, dit Marchica.

— Avant quoi ?

— Avant de... Avant de se les couper.

— Alors vous l'avez vu du temps qu'il portait des moustaches, puis après qu'il se les soit coupées...

— Je fais peut-être une confusion... A mieux y penser, je suis en train de faire une confusion.

— Non, le rassura le capitaine. Vos souvenirs sont exacts. Avant de se marier, il avait des moustaches ; ensuite il les a supprimées. Peut-être qu'elles ne plaisaient pas à sa femme. Vous l'avez donc rencontré à B. ; je ne sais pas si, ces derniers temps, depuis que l'amnistie vous a permis de sortir, Nicolosi est venu à B. ; c'est probable... Ou alors, vous l'avez rencontré à S. ?

— Il y a des années que je ne suis pas allé à S.

— C'est bizarre, dit le capitaine comme s'il

était pris d'une brusque préoccupation. C'est vraiment bizarre, parce que c'est Nicolosi qui déclare vous avoir rencontré à S. ; je ne vois pas pourquoi il pourrait mentir sur ce point...

Marchica n'y comprenait plus rien. Le capitaine, en le regardant, devinait ce qui se passait dans son cerveau : un va-et-vient semblable à celui d'un chien sous la canicule ; c'était tout un éventail de possibilités, d'incertitudes, de pressentiments qui s'offrait à lui dès que son esprit s'arrêtait quelque part, avec une sensibilité animale.

La porte du bureau s'ouvrit brusquement et Marchica, instinctivement, se retourna pour regarder : sur le seuil, le brigadier de S. fit un salut et dit : « Il s'est décidé. » Derrière lui, débraillé, les cheveux ébouriffés et la barbe longue, Pizzuco. Sur un geste du capitaine, le brigadier se retira et referma rapidement la porte. Marchica sombra dans l'épouvante : Pizzuco, certainement roué de coups, allait tout avouer (en fait Pizzuco venait d'être arraché au sommeil ; c'était son esprit qui était torturé de cauchemars et non pas son corps de coups de bâton). Dans la lumière crue du bureau d'en face, il vit entrer Pizzuco, le brigadier et un lieutenant ; dès qu'ils furent assis, le brigadier posa une brève question ; et aussitôt Pizzuco de parler, de parler et de parler ; et le brigadier d'écrire, d'écrire et d'écrire. Le lieutenant avait demandé à Pizzuco quelle vie il menait et quels étaient ses moyens d'existence ; et Pizzuco alimentait la plume rapide du brigadier Ferlisi en déversant sur elle l'histoire édifiante de sa vie honnête et sans tache, toute de travail intense. Marchica regardait et croyait entendre la voix de Pizzuco débiter l'histoire de vingt-sept ans de réclusion, et c'était le moins qu'il pût dire, de vingt-sept longues années dans la prison de l'Ucciardone et dont Dieu lui-même n'eût pu soulager Diego Marchica.

— Quelle raison pourrait-on avoir de mentir sur ce point ? lui demanda le capitaine. Je ne parle pas pour vous ; je parle pour Nicolosi ; quelle raison a-t-il d'affirmer une chose qui est d'ailleurs si peu importante, si stupide ?

— Il ne peut pas le dire, affirma catégoriquement Marchica.

— Pourquoi ça ?

— Parce que… Parce qu'il ne peut pas le dire.

— Peut-être bien parce qu'à juste titre, tout à fait raisonnablement, d'après ce que vous savez, vous considérez que Nicolosi est mort.

— Vivant ou mort, pour moi ça revient au même.

— Mais non. Vous avez raison… Nicolosi est mort.

Visiblement, Marchica en fut soulagé. Par conséquent, sans l'affirmation du capitaine, un léger doute eût subsisté pour lui sur la mort de Nicolosi. Ce n'était donc pas lui qui l'avait supprimé. (Dans l'autre bureau, Pizzuco était en train de tout trahir : cocu, vendu, fils de pute ; quatre coups de nerf de bœuf et on vomit tout ; mais tu me le paieras ; que ce soit de ma main ou de la main d'un autre, tu me le paieras…).

— Oui, dit le capitaine. Nicolosi est mort. Mais vous savez que, quelquefois, les morts parlent…

— Avec un guéridon, lui répondit Diego avec mépris.

— Non. Tout simplement quand, avant de mourir, ils écrivent quelque chose… Après vous avoir rencontré, Nicolosi a eu la bonne idée d'inscrire votre nom et votre surnom sur une feuille de papier : Diego Marchica, dit Zicchinetta, en ajoutant le lieu et l'heure de la rencontre et la considération, qui s'imposait, du reste, que la mort de Colasberna devait être rapprochée de la présence de Zicchinetta à S., à cette heure et en ce lieu… En somme, une petite lettre qui, par le fait même que Nicolosi est mort, aura plus d'importance pour les juges que le témoignage qu'il eût pu porter s'il avait été vivant… Quelle erreur vous avez commise ! Cette petite lettre, Nicolosi l'a laissée à sa femme avec recommandation de ne nous la remettre qu'au cas où il lui serait arrivé quelque chose à lui. Si on l'avait laissé vivant, je suis bien sûr qu'il n'aurait jamais osé porter témoignage, et bien moins encore dénoncer ce qu'il avait vu. Ç'a été une terrible erreur que de le tuer…

Dans le bureau d'en face, Pizzuco avait fini de parler ; le brigadier avait remis ses feuillets en ordre et s'était approché de lui pour lui faire signer, page par page, son infamie. Après quoi, le brigadier était sorti. Un moment plus tard, il entrait dans le bureau du capitaine et lui apportait les feuillets. Marchica avait des sueurs mortelles.

— J'ignore ce que vous pensez de Rosario Pizzuco, dit le capitaine...

— C'est une éponge d'infamie.

— Je ne l'aurais jamais cru, mais nous sommes d'accord. Car je crois que, pour vous autres Siciliens, l'infâme c'est celui qui commet l'infamie de révéler des faits qui, tout en méritant la juste punition de la loi, ne devraient jamais être révélés. Nous sommes d'accord ; Pizzuco a fait une infamie... Voulez-vous entendre ?... Lis ! dit-il au brigadier en lui tendant les feuillets que venait de lui apporter le brigadier.

Il alluma une cigarette et resta immobile, les yeux mi-clos, à regarder Diego Marchica ruisselant de sueur et hoquetant intérieurement de rage.

Le faux procès-verbal, très soigneusement préparé, disait que « spontanément » (les coups de nerf de bœuf, pensa Diego, les coups de nerf de bœuf !), Rosario Pizzuco avouait avoir rencontré Marchica quelque temps auparavant et lui avoir confié certains affronts que lui avait faits Colasberna. Marchica s'était offert comme instrument de vengeance ; mais comme lui, Rosario Pizzuco, était un homme ayant de solides principes moraux, peu porté à la violence et tout à fait étranger aux sentiments vindicatifs, il avait repoussé cette proposition. Marchica avait insisté ; il avait même reproché à Pizzuco sa patience déshonorante à l'égard de Colasberna ; il avait ajouté qu'ayant à son sujet un ressentiment personnel pour une raison de travail, ou d'argent qu'il lui avait refusé (Pizzuco ne se rappelait pas exactement), un jour ou l'autre il « éteindrait » Colasberna ; ce qui voulait dire qu'il éteindrait sa vie comme on souffle une chandelle. Il avait dû mettre son projet à exécution puisque, quelques jours après le meurtre de Colasberna, Pizzuco s'était rendu à B. pour une certaine affaire de terrains et, y ayant rencontré Marchica, avait reçu de lui, sans l'avoir demandée, une confidence : la terrible révélation d'un double homicide. Cela sous cette forme précise : *Partivu pu astutàrinni unu e mi tuccà astutàrinni du*, ce qui signifiait sans aucune possibilité d'erreur, dans le jargon des criminels employés par Marchica, l'exécution de deux assassinats : l'un sur la personne de Colasberna, l'autre, d'après ce que soupçonnait Pizzuco, sur la personne de Nicolosi dont précisément, ces jours-là, on commentait la disparition. Pizzuco avait été épouvanté par cette dangereuse révélation, et il était rentré chez lui bouleversé. Naturellement, il n'avait parlé de la chose à personne, parce que, connaissant bien la nature violente de Marchica, il avait eu peur pour sa propre vie. A la question qui lui avait été posée, des motifs pour lesquels Marchica avait fait de lui le dépositaire d'un aussi dangereux secret, Pizzuco avait répondu que Marchica, qui s'était trouvé très longtemps loin de la région, avait peut-être pensé pouvoir se fier à Pizzuco en raison d'errements de celui-ci, ne ressemblant aux siens qu'en apparence ; en effet, pendant la période confuse du mouvement séparatiste, ils avaient milité tous deux dans les formations de l'E.V.I.S. — mais si c'était dans un but criminel que le faisait Marchica, Pizzuco, lui, ne le faisait que pour un objectif purement idéaliste. On lui avait également demandé s'il était possible qu'il y eût derrière Marchica d'autres responsables, à savoir des mandants ; Pizzuco avait alors déclaré qu'il n'en savait rien, mais que son opinion personnelle le portait à un « non » catégorique : en effet, il trouvait une explication suffisante dans le caractère violent et l'irrésistible tendance au crime contre la propriété et la vie d'autrui dont Marchica avait toujours fait preuve.

C'était un faux magistral, d'une vraisemblance parfaite pour des hommes tels que Pizzuco, et pour Pizzuco en particulier : il était né de la collaboration de trois brigadiers. La touche la plus savante en était la dernière affirmation attribuée à Pizzuco : la négation absolue qu'il pût exister des mandants. Dans ce faux procès-verbal, le nom de Mariano Arena aurait constitué un irrémédiable faux pas, une fausse note, un détail invraisemblable ; et tout le montage se serait écroulé devant l'examen méfiant de Marchica. Mais cette technique-là, de rejeter toute la faute sur le bas, c'est-à-dire sur Marchica, de refuser toute responsabilité et de nier toute possibilité qu'il existât des mandants, cette technique donna à Marchica l'angoissante certitude de l'authenticité : il n'en douta pas un seul instant. La voix du brigadier qui lisait le procès-verbal devenait la bande-son qui étayait la version muette qu'il avait regardée à travers la fenêtre.

Aveuglé, bouleversé par une fureur telle que, s'il avait tenu Pizzuco entre ses mains, il eût aussitôt « éteint » sa vie « infâme », après un long silence il déclara que, puisque les choses prenaient cette tournure-là, il ne lui restait plus qu'à faire ce que fit Samson. *Mori Sansuni,* déclara-t-il, *cu tuttu lu cumpagnuni*[1]. En rétablissant, bien entendu, dans leur vérité les faits que ce chien immonde avait racontés à sa façon.

Après être resté tant d'années sans jamais le voir, il avait eu une rencontre, une première rencontre, avec Pizzuco l'année dernière à B. au début de décembre. Pizzuco lui avait proposé de supprimer Colasberna qui, disait-il, lui avait fait une offense terrible. Cela lui serait payé trois cent mille lires. Marchica, qui n'avait été relaxé que quelques mois plus tôt et voulait jouir en paix de sa liberté, dit qu'il n'en avait pas le courage. Mais comme il se trouvait dans le besoin, que Pizzuco avait insisté, qu'il lui avait fait miroiter la possibilité d'un acompte immédiat et, en plus du solde, une fois sa tâche accomplie, d'un emploi de gardien de cultures, Marchica avait cédé. Uniquement en raison de ce fait, il fallait bien le répéter, qu'il se trouvait dans le besoin. C'est chose terrible que le besoin. On avait donc décidé, avec Pizzuco, des modalités de l'exécution. Pizzuco s'était engagé à l'aider en lui procurant une arme qui se trouvait dans une maison qu'il possédait à la campagne ; Marchica s'y rendrait la nuit précédant le crime. De cette

1. Que Samson meure avec tous les Philistins.

maison de campagne, située à peu de distance du village, Marchica devait suivre un itinéraire fixé d'avance et s'embusquer à l'entrée de la via Cavour, au moment du départ de l'autobus de Palerme parce que, tous les samedis, Colasberna prenait cet autobus pour se rendre à Palerme. Son coup fait, Marchica devait s'enfuir à toute vitesse par la via Cavour et s'en retourner à la maison de campagne de Pizzuco, où Pizzuco viendrait le prendre pour le ramener en voiture à B.

Quelques jours avant le crime, Marchica s'était rendu à S. pour prendre connaissance des lieux où il devait agir et se mettre à même d'identifier Colasberna sans possibilité d'erreur. C'est à cette occasion que Pizzuco fixa la date de l'homicide.

Le 16 janvier, à six heures trente du matin, Marchica tua Salvatore Colasberna, en se conformant dans tous ses détails au plan fixé par Pizzuco. Mais voici qu'au milieu de la via Cavour, tandis que Marchica s'enfuyait, il rencontra son concitoyen Paolo Nicolosi qui le reconnut nettement : il l'appela même par son nom. Cela lui inspira de l'inquiétude, inquiétude qu'il communiqua à Pizzuco quand celui-ci, tout de suite après, vint le retrouver dans la maison de campagne. Pizzuco commença par s'agiter et par jurer. Puis il se calma et lui dit : « Ne te fais pas de souci ; nous nous en occuperons. » Pizzuco l'accompagna, avec une camionnette de sa propriété, jusqu'à la contrada Granci, à moins d'un kilomètre de B., mais, auparavant, il lui remit le solde de sa dette, c'est-à-dire encore cent cinquante mille lires qui, ajoutées à l'acompte reçu, faisaient bien les trois cent mille lires stipulées.

Quelques jours plus tard, Pizzuco étant venu à B., Marchica apprit de lui qu'il n'avait plus besoin de se préoccuper de Nicolosi ; celui-ci n'était plus bon dorénavant qu'à faire trouver des bonshommes de sucre aux enfants, il faisait allusion à la coutume locale de célébrer le jour des Morts par le don, aux enfants, de poupées de sucre. Ce fut cette expression de Pizzuco qui donna à Marchica la certitude que Paolo Nicolosi avait été supprimé.

Pizzuco avait-il agi pour le compte d'autres gens quand il lui avait donné mission de tuer Colasberna ? A cette question Marchica répondit qu'il l'ignorait, mais qu'il ne le croyait pas. Mais, lui demanda-t-on encore, est-ce que la phrase prononcée par Pizzuco : « Ne te fais pas de souci ; nous nous en occuperons » n'impliquerait pas la participation et le concours d'autres gens, ignorés de Marchica, mais complices de Pizzuco ? Marchica dit qu'il ne le croyait pas ; bien mieux, il affirma qu'en toute conscience il ne pouvait pas préciser si Pizzuco lui avait dit « nous nous en occuperons » ou bien « je m'en occuperai ». Quand on lui demanda s'il connaissait ou soupçonnait la manière dont Nicolosi avait été supprimé et le lieu où cela avait été fait, il dit qu'il n'en savait rien.

Tandis qu'il parlait, Diego se rassérénait. Il approuva d'un air satisfait la lecture que le capitaine lui fit de sa déposition ; et c'est avec satisfaction qu'il la signa. Il avait arrangé l'affaire au préjudice de cette charogne de Pizzuco et à son préjudice à lui, mais en ayant la politesse de n'impliquer dans l'affaire aucun des autres qui, eux, n'étaient pas des charognes. Il se sentait en paix avec sa conscience et résigné à son destin. Il passerait peut-être bien le reste de sa vie en prison ; mais, en plus du fait qu'il avait désormais l'habitude de la prison, que c'était un peu pour lui la maison à laquelle on revient volontiers après les fatigues d'un voyage, est-ce que la vie même n'était pas une prison ? C'est une continuelle tribulation que la vie ! L'argent qui vous manque, les cartes de la *zecchinetta* qui vous appellent, l'œil du maréchal qui vous suit, les bons conseils des gens ; et encore le travail, la damnation d'une journée de travail, le travail qui vous rend pire qu'un âne ! Mais assez comme ça, il valait mieux dormir là-dessus ! Et, réellement, un sombre, un informe sommeil commençait à figer ses pensées.

Le capitaine l'envoya dormir à la prison de San Francesco, dans une cellule isolée, renvoyant à la fin de l'instruction du procès les festivités par lesquelles les autres détenus ne manqueraient pas de fêter le retour de Diego.

Maintenant, c'était le tour de Pizzuco. La nuit, désormais, était bien avancée.

En toute autre circonstance, Pizzuco aurait fait peine. Tout raidi par le froid et l'arthrite, le nez et les yeux ruisselants en raison d'un rhume qui venait de se déclarer comme une explosion, ahuri de ce qui lui arrivait, il regardait autour de lui, les yeux larmoyants et un regard de sourd, en ouvrant et refermant alternativement la bouche comme s'il ne trouvait pas de voix pour parler.

Le capitaine lui fit lire par le brigadier la confession de Marchica. Sur le Très Saint Sacrement, devant Jésus crucifié, sur l'âme de sa mère, de sa femme, de son fils Giuseppe, Pizzuco jura que la déposition de Marchica était une noire infamie. Et il appela sur Marchica, jusqu'à la septième génération, la juste vengeance du Ciel du haut duquel, outre ceux de ses morts déjà nommés, priait pour lui un oncle chanoine mort en « soupçon » (c'était bien le cas de le dire) de sainteté. En dépit de son rhume et de son angoisse, Pizzuco était un orateur extraordinaire : son discours fourmillait d'images, de symboles, d'hyperboles, dans un sicilien italianisé parfois puissant, parfois plus incompréhensible que le pur dialecte. Le capitaine le laissa un peu s'épancher.

— Alors, lui demanda-t-il ensuite froidement, vous ne le connaissez même pas, ce Marchica ?

Tel semblait en effet le sens des affirmations de son long discours.

— Pour ce qui est de le connaître, capitaine, je le connais. Quoique, si on m'avait tué avant de le connaître, cela aurait peut-être bien mieux valu... Je le connais ; et je sais ce qu'il vaut... Mais qu'il y ait jamais eu entre lui et moi des rapports aussi étroits, et puis pour ôter — Dieu m'en protège ! — la vie à un chrétien... Jamais, capitaine, jamais ! Pour Rosario Pizzuco, la vie d'un chrétien, de n'importe quel chrétien, c'est comme si elle était sur le maître-autel d'une église. Elle est sacrée, capitaine, elle est sacrée...

— Alors vous connaissez Marchica ?

— Je le connais. Puis-je dire le contraire ? Je le connais ; mais c'est comme si je ne le connaissais pas ; je sais de quelle pâte il est fait et suis toujours resté à distance.

— Comment expliquez-vous sa déposition ?

— Qui pourrait l'expliquer ? Peut-être est-il devenu dément ; peut-être veut-il ma perte... Qui pourrait lire dans la tête d'un homme comme lui ?... C'est une tête comme une grenade amère : chacune de ses pensées est un grain de malice à faire grincer les dents, d'effroi, à un homme comme moi... Capable de tuer quelqu'un comme ça, parce qu'il n'a pas répondu à son salut ou parce qu'il n'aime pas la manière dont il rit... Un criminel-né !...

— Vous connaissez très bien son caractère.

— Comment ne le connaîtrais-je pas ? Je l'ai toujours eu là pour me gêner...

— Et ces derniers temps, vous a-t-il quelquefois gêné ? Essayez de vous rappeler.

— Voyons... Je l'ai rencontré au moment où il est sorti de prison : c'était la première fois. Puis je l'ai rencontré à B., dans son pays, c'était la seconde... Puis il est venu à S. : ça faisait la troisième fois. Trois fois, capitaine, trois fois.

— Et de quoi avez-vous parlé ?

— De rien, capitaine, de rien. De choses tellement inutiles qu'on les oublie immédiatement ; c'est comme si quelqu'un écrivait sur une flaque d'eau... Je l'ai félicité d'avoir recouvré la liberté tout en pensant qu'on gaspillait les amnisties ; je lui ai souhaité de pouvoir jouir de sa liberté tout en pensant qu'il ne s'écoulerait pas bien longtemps avant qu'il ne retourne au bagne ; et puis on a parlé de l'année, du temps qu'il faisait, de la santé des amis... Des choses inutiles...

— Selon vous, en ce qui vous concerne, il n'y a rien de vrai dans ce qu'affirme Marchica... Mais, pour laisser de côté Marchica, nous savons de façon sûre que, voici environ trois mois, si vous voulez je puis vous dire la date exacte, vous avez eu un entretien avec Salvatore Colasberna, et vous lui avez fait des offres, que Colasberna a repoussées, relativement à...

— Des conseils, capitaine, des conseils. Des conseils désintéressés. En toute amitié...

— Si vous êtes en mesure de donner des conseils, cela veut dire que vous êtes bien renseigné...

— Bien renseigné ?... Ce sont des choses que j'entends dire par-ci par-là. En raison de mon travail, il me faut rôder partout. Alors j'entends dire aujourd'hui une chose, demain une autre...

— Et qu'avez-vous bien entendu dire, pour éprouver le besoin de donner des conseils à Colasberna ?

— J'ai entendu dire que ses affaires ne marchaient pas, et je lui ai conseillé de chercher aide et protection...

— Auprès de qui ?

— Mais je ne sais pas... Des amis, des banques. En tâchant de s'enfiler dans la politique par le bon canal...

— Mais quel est, d'après vous, le bon canal en politique ?

— Moi, je dirais celui du gouvernement : ce sont ceux qui commandent qui font la loi, et ceux qui veulent profiter de la loi doivent être du côté de ceux qui commandent.

— En somme, vous n'aviez pas de conseils précis à donner à Colasberna ?

— Non, capitaine.

— Vous lui donniez des conseils, pour ainsi dire d'un caractère général, simplement par amitié.

— Tout à fait exact.

— Mais vous n'étiez pas tellement lié avec Colasberna ?

— Nous nous connaissions.

— Et vous vous donnez le mal de donner des conseils à quelqu'un que vous connaissez à peine ?

— Je suis comme ça. Si je vois quelqu'un dont le pied glisse, je suis toujours prêt à lui tendre la main.

— Avez-vous jamais tendu la main à Paolo Nicolosi ?

— Quel rapport y a-t-il ?

— Parce que, après avoir tendu la main à Colasberna, il était dans l'ordre des choses de la tendre à Nicolosi.

Le téléphone sonna sur la table. Le capitaine écouta la communication, tout en scrutant des yeux Pizzuco qui semblait maintenant plus calme, plus tranquille, et que son rhume ne faisait même plus ruisseler comme lorsqu'il était arrivé.

Il reposa le téléphone et dit :

— Maintenant, nous pouvons recommencer.

— Recommencer ? demanda Pizzuco.

— Oui, parce que ce coup de téléphone de S. m'informe qu'on vient de retrouver l'arme avec laquelle Colasberna a été tué. Vous voulez savoir où on l'a retrouvée ?... Non, n'ayez pas de mauvaises idées sur votre beau-frère ; au moment où les carabiniers sont venus vous arrêter, il allait justement exécuter l'ordre que vous lui aviez donné : il est allé ce soir à la campagne, à une heure avancée, il a pris le fusil à canons sciés, et il était juste en train de sortir pour s'en défaire quand les carabiniers sont arrivés... Ç'a été une fâcheuse coïncidence... Votre beau-frère s'est vu perdu. Vous le connaissez bien : il a dit que c'est vous qui l'aviez chargé de cela, qu'il aurait dû, d'après les instructions que vous lui aviez données, cacher le fusil dans le *chiarchiaro* de la contrada Gràmoli...

Il se tourna vers le brigadier et lui demanda :

— Qu'est-ce que c'est qu'un *chiarchiaro ?*

— C'est une zone caillouteuse, dit le brigadier : un ensemble de grottes, de trous, d'anfractuosités...

— Je l'avais deviné, dit le capitaine ; et voilà qu'il me vient une idée qui est peut-être bonne : on peut toujours essayer... Si on trouvait aussi le corps de Nicolosi dans le *chiarchiaro ?*... Qu'est-ce que vous en dites, de mon idée ? demanda-t-il à Pizzuco avec un froid sourire.

— Elle est peut-être bonne, lui répondit Pizzuco d'un air impassible.

— Si vous l'approuvez, je suis tout à fait tranquille, dit le capitaine.

Et il demanda au téléphone le poste de S. pour ordonner de faire des recherches dans le *chiarchiaro* de Gràmoli.

Pendant que le capitaine donnait son coup de téléphone, Pizzuco élaborait rapidement son plan. Quand le capitaine lui déclara : « Maintenant vous pouvez soit confirmer les dires de Marchica en confessant que vous lui avez donné mandat de tuer Colasberna et en avouant le meurtre de Nicolosi, soit innocenter Marchica en avouant que c'est vous qui avez tué et Colasberna et Nicolosi », Pizzuco avait déjà choisi une troisième ligne de conduite. Elle coïncidait de la façon la plus étrange avec le faux procès-verbal qui avait provoqué la confession de Marchica, dont elle ne s'écartait que sur un point.

C'étaient vraiment des gens futés que les carabiniers qui avaient préparé le faux procès-verbal. Ils connaissaient la psychologie d'un homme comme Pizzuco avec une précision scientifique : rien d'étonnant que Diego Marchica fût tombé là-dedans comme un chapon dans une marmite.

En effet, Pizzuco déclara que, trois ans plus tôt, ayant dû rencontrer Colasberna par devoir d'amitié, bien qu'au fond ils ne fussent pas tellement amis que ça, il avait voulu lui donner quelques conseils sur la conduite qu'il eût dû suivre dans son activité d'adjudicataire de travaux publics. Au lieu des expressions de gratitude auxquelles s'attendait Pizzuco, Colasberna l'avait invité, en des termes tels qu'il lui était impossible de les répéter, à ne pas s'occuper de choses qui ne le regardaient pas ; et il lui avait dit qu'il devait remercier le Ciel si lui, Colasberna — ç'avaient été là ses expressions exactes —, ne lui faisait pas ramasser toutes ses dents, ce qui revenait à dire : s'il ne les lui faisait pas toutes tomber à coups de poing. Cette réaction de Colasberna avait été pour Pizzuco, homme doux de cœur et que, seule, une incorrigible bonté mettait parfois dans des situations désagréables, une offense bien douloureuse. Il avait eu l'occasion d'en parler, par hasard, à Marchica, qui s'était offert à en tirer vengeance, même sans la moindre compensation de la part de Pizzuco, parce que lui-même avait des ressentiments personnels à l'endroit de Colasberna. Cette offre fit horreur à Pizzuco, qui la repoussa nettement. Mais, quelques jours plus tard, Marchica était venu à S. et lui avait demandé l'hospitalité dans sa maison de campagne — une maison qui appartient à la femme de Pizzuco et qui est située dans la via Poggio, à proximité du village de S. Cela juste pour une nuit, parce qu'il avait des affaires importantes à S. et que ce pays est notoirement privé de toute auberge. Marchica l'avait prié de lui prêter un fusil parce qu'il avait l'intention de faire, à la pointe du jour, un petit tour de chasse dans les environs, qu'on lui avait dit foisonner de lièvres. En lui donnant la clef de sa maison de campagne, Pizzuco lui avait signalé qu'il trouverait sur place un vieux, très vieux fusil, pas très indiqué pour la chasse, mais utilisable. Il n'eut aucun soupçon du plan criminel de Marchica, parce qu'il est confiant de nature et toujours disposé à rendre service. Même lorsqu'il apprit la mort de Colasberna il n'eut pas le moindre soupçon. C'est seulement lorsque les carabiniers vinrent chez lui pour l'arrêter qu'il se rendit compte du terrible imbroglio dans lequel Marchica l'avait mis, en surprenant sa bonne foi. Alors il donna des instructions à son beau-frère pour que celui-ci fît disparaître ce fusil dont Marchica, ce n'était que trop clair, avait fait un usage illicite. Cela lui avait semblé le meilleur parti à prendre : étant donné la nature vindicative de Marchica, il ne pouvait pas révéler spontanément à la police les faits dans lesquels il se trouvait impliqué.

— Oh ! Excellence ! dit Son Excellence en se glissant à bas de son lit avec une prestesse imprévisible chez un homme de son âge et de son importance.

Au milieu de son sommeil, la sonnerie du téléphone était arrivée jusqu'à sa conscience par ondes successives et désagréables. Il avait saisi l'appareil avec l'impression que sa main, tandis qu'il faisait ce geste, se trouvait à une distance incommensurable de son corps. Tandis que de lointaines vibrations, que des voix lointaines parvenaient à son oreille, il avait tourné l'interrupteur, réveillant de la sorte, irrémédiablement, Madame : certainement, elle ne récupérerait pas de la nuit un sommeil qui ne descendait jamais que parcimonieusement sur son corps inquiet. Brusquement, ces lointaines vibrations, ces voix lointaines se fondirent en une seule voix, également lointaine, mais irritée, mais inflexible, et Son Excellence se trouva hors de son lit, pieds nus et en pyjama, en train de faire des courbettes et des sourires comme si courbettes et sourires pouvaient s'infiltrer dans le microphone.

Madame le regarda d'un air de profond dégoût. Elle lui tourna le dos, un dos splendide et nu, mais non sans lui avoir chuchoté : « Pas besoin de frétiller, il ne te voit pas ! » Et, réellement, il ne manquait à Son Excellence qu'un moignon de queue au derrière pour mieux exprimer toute sa soumission.

Il dit encore : « Oh, Excellence... » et puis : « Mais, Excellence... non, Excellence... oui, Excellence... C'est bon, Excellence... » et, lorsqu'il eut bien dit une centaine de fois Excellence, lorsque, à l'autre bout du fil, la voix irritée s'éteignit, il garda le téléphone à la main et décerna des qualificatifs injurieux à la mère de cette Excellence qui, à deux heures du matin, venait empoisonner sa vie, déjà suffisamment empoisonnée comme ça (il regardait Madame qui continuait de lui tourner le dos). Il reposa le téléphone sur son support, le souleva de nouveau et forma un numéro. Sa femme fit volte-face comme une chatte.

— Demain, dit-elle, je coucherai dans la chambre d'amis.

— Je regrette, mon cher ami, téléphona son mari d'une voix aussi irritée, aussi inflexible que celle qui avait retenti à son oreille quelques minutes plus tôt ; mais je viens d'être réveillé à l'instant ; nous allons donc faire la chaîne de saint Antoine : on me réveille, je vous réveille ; et vous voudrez bien me rendre le service de réveiller ceux qu'il vous faut réveiller... Je viens d'avoir un coup de téléphone de Rome ; pas besoin de vous dire de qui, vous me comprenez... Ce Bellodi... je le prévoyais bien : vous vous souvenez ?... il a provoqué un scandale à l'échelle nationale. Nationale, vous dis-je... Un de ces scandales qui nous mettent dans de sombres ennuis, des gens comme vous et moi, quand nous nous trouvons pris dedans, bon gré mal gré. De sombres ennuis. Vous savez ce qu'on pouvait lire ce soir dans un journal romain ? Vous avez de la chance, vous, de ne pas le savoir ; moi, j'ai eu le privilège de l'apprendre par l'intéressé, et je vous assure qu'il était dans une rage effroyable... Il y avait un agrandissement photographique occupant toute une demi-page de... vous comprenez qui, pris à côté de don Mariano Arena. Une histoire de l'autre monde... Un photo-montage ? Pas le moins du monde : une photographie tout à fait authentique... Très bien... Ça vous est tout à fait égal ? Vous êtes vraiment un bel original... Je sais tout aussi bien que vous que ce n'est pas notre faute si Son Excellence a eu la naïveté, appelons-la comme ça, de se faire photographier avec don Mariano... Oui, je vous écoute...

Madame jaillit du lit dans sa splendide nudité : elle avait l'habitude, comme une actrice fameuse, de se coucher vêtue du seul n° 5 de Chanel ; cela réveillait les sens de Son Excellence et endormait chez lui un esprit bureaucratique qui avait donné le meilleur de lui-même au moment de la république de Salò. S'enveloppant d'un couvre-pied de plumes et d'un nimbe de fureur, Madame sortit, suivie du regard anxieux de Son Excellence.

— Très bien, poursuivit Son Excellence après avoir tendu l'oreille pendant deux minutes ; voilà comment nous allons procéder. Ou bien d'ici à ce soir, vous me clouez don Mariano Arena avec des preuves auxquelles le Père Eternel lui-même ne pourrait pas trouver opposition, ou bien vous le faites sortir et on dira aux journalistes qu'il a été retenu pour un complément d'enquête. Vous dites que le Procureur de la République suit les enquêtes et qu'il est d'accord avec Bellodi ? Aïe ! Aïe ! Quelle affaire ! Quel malheur !... Enfin, faites quelque chose ! Oui, je me rends bien compte... Mais vous savez ce que vient de me dire à l'instant... vous comprenez qui ? Vous savez ce qu'il m'a dit ? Que don Mariano Arena est un honnête homme et qu'il y a quelqu'un ici, soit vous, soit moi, qui est en train de faire le jeu des communistes. Mais comment nous est-il arrivé, ce Bellodi ? Comment diable fait-on pour envoyer quelqu'un comme lui dans une région comme la nôtre ? Ici, il faut du discernement, mon cher, du nez, de la tranquillité d'esprit, du calme ! C'est ça qu'il faut... Et on nous envoie quelqu'un qui a le diable au corps !... Mais je ne le mets aucunement en doute, croyez-le bien... Les carabiniers, je les respecte, je les vénère... En résumé, vous ferez comme vous le jugerez bon...

Il fit retomber le téléphone sur son support comme un coup de marteau. Maintenant, le problème était d'apaiser Madame, problème encore plus ardu que les autres problèmes, pourtant terriblement difficiles, inhérents à ses fonctions.

La lumière de l'aube pénétrait la campagne ; elle semblait sortir du vert léger des champs ensemencés, des rochers et des arbres humides, pour monter imperceptiblement vers un ciel aveugle. Le *chiarchiaro* de Gràmoli, absurde, incongru dans la plaine verte, donnait l'impression d'une énorme éponge, semée de trous noirs, en train de s'imbiber de cette lumière qui augmentait dans la campagne. Le capitaine Bellodi en était arrivé à ce point où la fatigue et le sommeil deviennent comme une fièvre pleine de clairvoyance : ils s'épuisent d'eux-mêmes et l'homme n'est plus qu'un ardent réflecteur d'images (il en est de même de la faim : il arrive un moment, quand elle atteint une certaine intensité, où elle devient un jeûne lucide qui repousse la vision des aliments). Il pensa donc, le capitaine : « Ici, Dieu a jeté l'éponge », rapprochant de l'aspect du *chiarchiaro* la lutte et la défaite de Dieu dans le cœur de l'homme.

Un peu pour plaisanter, un peu parce qu'il

savait la curiosité du capitaine sollicitée par certaines expressions populaires, le brigadier déclama :

— *E lu cuccu ci dissi a li cuccuotti :*
*a lu chiarchiaru nni vidiemmu tutti.*

Intrigué, le capitaine aussitôt lui demanda une explication, et le brigadier traduisit : « Et le coucou dit à ses petits : nous nous retrouverons tous au *chiarchiaro* », en ajoutant que cela voulait peut-être dire : « Nous nous rencontrerons tous dans la mort », l'image du *chiarchiaro*, on ne sait trop pourquoi, devenant l'image de la mort. Le capitaine, lui, comprenait très bien pourquoi ; sa fièvre lui donna la vision d'une formation serrée d'oiseaux dans la terne lumière de l'aube, et il eut le sentiment qu'on n'aurait pas pu imaginer la mort d'une manière plus effrayante.

Ils avaient laissé leur automobile sur la route et s'approchaient du *chiarchiaro* en suivant un sentier étroit et plein de boue. On voyait des carabiniers évoluer sur le *chiarchiaro* et peut-être y avait-il aussi des paysans qui les aidaient.

A un certain endroit, le chemin s'arrêtait, devant une ferme. Il fallait, à partir de là, traverser des champs ensemencés pour arriver là où le brigadier de S. — on le distinguait maintenant tout à fait bien — dirigeait les recherches en gesticulant.

Quand ils furent à portée de voix, le brigadier cria :

— Mon capitaine, il est là ; ça va être un peu difficile de le remonter, mais il est là.

On sentait chez lui une joie disproportionnée à

la découverte d'un cadavre. Mais c'est le métier : dans un cas semblable la découverte du cadavre d'un homme assassiné est un triomphe dont on tire satisfaction.

Il était là, au fond d'une crevasse de neuf mètres qu'on avait déjà mesurée à l'aide d'une corde à laquelle on avait attaché une pierre. Arrêtée par les buissons qui poussaient sur les parois de la crevasse, la lumière des torches électriques éclairait mal le fond. Mais l'odeur de putréfaction qui s'en exhalait ne permettait aucun doute. Au grand soulagement des carabiniers, qui craignaient d'avoir à le faire, un paysan s'était offert pour descendre au bout d'une corde et pour attacher le cadavre à d'autres cordes de façon à pouvoir le hisser avec une relative facilité. Mais il fallait beaucoup de cordes : on les attendait du village où un carabinier était allé les chercher.

A travers les champs, le capitaine retourna à la ferme qui marquait le début du chemin. Elle paraissait abandonnée. Mais, tandis qu'il en faisait le tour, un chien jaillit inopinément tout au bout de la corde qui le liait à un arbre ; il resta comme suspendu à son collier qui le suffoquait, sans cesser d'aboyer rageusement. C'était un beau bâtard au poil marron, avec de petits croissants violets dans ses yeux jaunes. Un vieillard sortit de l'écurie pour le calmer :

— Allons, *Barruggieddu*, allons ! Sage ! Sois sage ! l'exhorta-t-il.

Puis il dit au capitaine :

— Je vous baise les mains.

Le capitaine s'approcha du chien pour le caresser.

— Non, dit le vieillard alarmé. Il est méchant. Avec une personne qu'il ne connaît pas, il est capable de se laisser flatter, alors elle est rassurée et puis il mord. Il est mauvais comme un diable.

— Et comment s'appelle-t-il ? lui demanda le capitaine dont la curiosité était excitée par le nom bizarre que le vieillard avait prononcé pour l'apaiser.

— Il s'appelle *Barruggieddu,* dit le vieux.

— Mais qu'est-ce que ça veut dire ? demanda le capitaine.

— Ça veut dire quelqu'un qui est mauvais, dit le vieux.

— Jamais entendu ça, dit le brigadier.

Puis, en dialecte, il demanda des explications au vieux. Celui-ci lui dit que l'expression exacte était peut-être bien *Barricieddu,* ou *Bargieddu,* mais que, de toute façon, ça indiquait la méchanceté, la méchanceté de quelqu'un qui commande ; parce que, jadis, les *Barruggieddi* ou *Bargieddi* commandaient et envoyaient les gens à la potence par plaisir et par méchanceté.

— Je comprends, dit le capitaine. Ça veut dire *Bargello :* le chef des sbires.

Le vieux, gêné, ne dit ni oui ni non.

Le capitaine aurait bien voulu demander au vieux s'il avait remarqué quelques jours plus tôt quelqu'un qui se dirigeait vers le *chiarchiaro,* ou, tout au moins, s'il avait vu quelque chose de suspect de ce côté-là. Mais il comprit qu'il n'y avait rien à tirer d'un homme qui considérait le chef des sbires comme aussi méchant que son chien. « D'ailleurs, ces paysans n'avaient pas tort », pensait le capitaine : il y avait des siècles que les *bargelli* mordaient des gens comme le vieux ; au besoin ils étaient capables de leur donner un sentiment de sécurité, comme il disait, pour les mordre après. Qu'avaient été les *bargelli*, sinon des instruments de l'injustice et de l'usurpation ?

Il dit adieu au vieux et prit le petit chemin, pour regagner la grand-route. Secouant violemment la corde qui le retenait, le chien aboya contre lui une dernière menace. « C'est un *bargello*, pensa le capitaine, un *bargello* comme moi. Moi aussi, j'ai tout juste la liberté que me permet mon petit bout de corde ; j'ai mon collier et ma fureur. » Il se sentait plus près du chien nommé *Barruggieddu* que de l'ancien — pas tellement ancien — *bargello*. Il pensa encore de lui-même : « Je suis le chien de la loi » ; il songea à ces « chiens du Seigneur » qu'étaient les Dominicains, et à l'Inquisition ; et ce mot descendit en lui comme dans une sombre crypte, obscure et vide, évoquant sourdement les échos de l'imagination et de l'histoire. Il se demanda avec affliction s'il n'avait pas, en fanatique chien de la loi, déjà franchi le seuil de cette crypte. Des idées, puis d'autres idées, qui lui venaient et se dissipaient comme une bouffée ardente où son sommeil s'évaporait de lui-même.

Il revint à C. Avant de retourner chez lui prendre un peu de repos, il passa par le bureau du Procureur de la République pour lui rendre compte du cours des enquêtes et obtenir de lui une prorogation de la détention préventive d'Arena, qu'il se proposait d'interroger au cours de l'après-midi, une fois qu'il aurait rassemblé et trié tous les éléments qu'il possédait.

Les journalistes bivouaquaient dans l'escalier et dans les corridors du palais de justice. Ils fondirent sur lui comme un essaim, les éclairs des flashes explosèrent devant ses yeux douloureusement arides.

— A quel point en sont les enquêtes ?... Est-ce que don Mariano Arena est le mandant des assassins ?... N'y a-t-il pas quelqu'un de plus puissant derrière don Mariano ?... Marchica et Pizzuco ont-ils avoué ?... Va-t-on prolonger la détention préventive, ou y a-t-il déjà des mandats d'arrêt ?... Est-ce que vous avez connaissance des relations de don Mariano avec le ministre Mancuso ?... Est-il vrai que le député Livigni est venu hier dans votre bureau ?...

— C'est faux, répondit-il à la dernière question.

— Mais il y a eu des interventions de personnalités politiques en faveur de don Mariano ?... Est-il vrai que le ministre Mancuso a téléphoné de Rome ?...

— Pour autant que je sache, répondit le capitaine à voix haute, il n'y a eu et il ne saurait y avoir aucune intervention politique. En ce qui concerne les rapports de l'une des personnes arrêtées et de certains hommes politiques, je ne connais rien d'autre que ce que vous écrivez. Mais, en admettant que ces rapports existent, car je ne veux pas mettre en doute votre honnêteté professionnelle, je n'ai eu jusqu'à présent ni à les prendre en considération ni à mesurer leur portée. Si le cours des enquêtes révélait un aspect particulier de ces rapports propre à éveiller l'attention de la loi, il est certain que ni le Procureur de la République ni moi ne manquerions à notre devoir...

Sous un titre couvrant six colonnes d'un journal du soir, cette déclaration fut présentée comme suit : « L'enquête du capitaine Bellodi s'étendrait jusqu'au ministre Mancuso. »

On n'ignore pas que les journaux du soir paraissent avant midi. A l'heure qui, dans le sud de l'Italie, est celle du déjeuner, les lignes téléphoniques brûlèrent comme des mèches à feu, vibrant sans arrêt des cris des personnes touchées, pour venir exploser dans les oreilles particulièrement sensibles de gens qui s'efforçaient de dissoudre dans du vin de Salaparuta et de Vittoria l'angoisse qui leur serrait la gorge.

— Voici quel est le problème. Les carabiniers ont en main trois anneaux d'une chaîne. Le premier est Marchica ; ils le tiennent si fort que c'est comme un de ces anneaux scellés dans le mur des maisons de campagne pour attacher les mulets.

— Diego n'est pas homme à parler. Il a quatre couches de poil sur l'estomac.

— Laisse de côté le poil sur l'estomac. Votre défaut, c'est de ne pas comprendre qu'un homme capable de tuer dix, ou mille, ou cent mille personnes, peut aussi bien être un lâche. Diego... laisse-moi dire... Diego a parlé. C'est à cet anneau-là que s'accroche l'anneau Pizzuco. Il y a donc deux cas. Ou bien Pizzuco parle et alors voilà le troisième chaînon qui serait Mariano. Ou bien Pizzuco ne parle pas, il reste soudé à Diego, mais ce n'est pas solide : un bon avocat n'aura pas beaucoup de peine à les décrocher... et ça suffit, c'en est fini de la chaîne, Mariano est libre.

— Pizzuco ne parlera pas.

— Je n'en sais rien, mon cher, je n'en sais rien. Moi, dans mes calculs j'envisage toujours le pire. Considérons donc que Pizzuco parle, et qu'il arrange fâcheusement Mariano. A vue de nez je peux te dire qu'en ce moment, les carabiniers sont en train d'essayer de souder le chaînon Pizzuco au chaînon Mariano. Si la soudure se fait, il faut envisager deux cas : ou la chaîne s'arrête à Mariano, ou Mariano, vieux comme il est et souffrant, commence à égrener son chapelet... Dans ce cas, mon ami, la chaîne s'étire et s'allonge à tel point que je puis m'y trouver pris moi aussi, et avec moi le ministre, et le Père Eternel... Un désastre, mon cher, un désastre...

— Vous voulez me rendre le cœur noir comme la poix... Mais, Sainte Vierge, vous ne savez donc pas quel homme c'est, don Mariano ? C'est une tombe.

— Dans sa jeunesse, c'était une tombe ; maintenant c'est un homme qui a déjà un pied dans le tombeau... La créature est faible, dit Garibaldi dans son testament ; il avait peur que son extrême faiblesse ne l'amenât à raconter à un prêtre ses péchés, qui devaient être plus épineux qu'un figuier de Barbarie. Et moi, je dis la même chose : il est possible que Mariano ait la faiblesse de raconter ses péchés, qui, soit dit entre nous, sont assez nombreux... En 1927, j'ai eu son dossier entre les mains ; il était plus gros que ça (il montrait un volume du Bentini) : on aurait pu en tirer une encyclopédie du crime de A jusqu'à Z ; rien n'y manquait. Heureusement que, par la suite, le dossier a disparu. Non, pas besoin de prendre un air malin ; ce n'est pas moi qui me suis occupé de le faire disparaître, ce sont des amis autrement considérables que moi qui ont fait ce petit jeu de passe-passe : ils l'ont si bien promené du bureau A au bureau B puis du bureau B au bureau A, que le Procureur du Roi, un homme terrible, je me rappelle, se l'est vu escamoter sous le nez... Il était devenu comme un chien enragé, je m'en souviens ; il distribuait des menaces à droite et à gauche, et ceux qu'il soupçonnait le plus, les pauvres, c'étaient ceux qui n'y étaient pour rien. Ensuite on a remplacé le Procureur du Roi et la bourrasque a passé. Parce que, mon cher, en fait, les Procureurs du Roi passaient comme passent ceux de la République, comme passent les juges, les officiers, les commissaires de police, les brigadiers-chefs de carabiniers...

— Oh, ça, ce n'est pas mal : les brigadiers-chefs...

— Il n'y a pas là de quoi rire, mon cher. Je te souhaite de tout cœur que ton visage ne vienne pas s'enchâsser dans la mémoire d'un brigadier-chef... Donc les brigadiers-chefs passent aussi ; mais nous, nous restons. Avec quelques palpitations de cœur, quelques petits sursauts, mais, enfin, nous restons.

— Cependant don Mariano...

— Don Mariano a eu son petit sursaut, ses petites palpitations...

— Mais il est encore coffré, et Dieu sait ce qu'il souffre.

— Il ne souffre pas du tout. Si tu t'imagines qu'on l'attache sur un réchaud ou qu'on lui colle des décharges électriques ! Le temps des réchauds est fini : les carabiniers aussi obéissent à la loi...

— Tu me fais rire avec la loi ! Il n'y a pas trois mois que...

— Laisse tomber. C'est de don Mariano que nous sommes en train de parler... Personne ne touchera un cheveu de la tête de don Mariano Arena, qui est un homme respecté, un homme qui a des protections, un homme qui peut s'offrir pour sa défense M^e^ De Marsico, M^e^ Porzio et M^e^ Delitala réunis... Bien sûr qu'il doit souffrir du manque de confort : la prison préventive n'est pas le Grand Hôtel, le bat-flanc est dur, la tinette vous écœure, son café doit lui manquer, le pauvre, lui qui en buvait une tasse toutes les heures, et du très fort... Mais d'ici quelques jours on va le relaxer, rayonnant d'innocence comme l'archange Gabriel, sa vie reprendra son équilibre et ses affaires continueront à prospérer.

— Il n'y a pas une minute vous me coupiez les

jambes, vous faisiez mourir tout mon espoir. Et maintenant...

— Maintenant, c'est le côté face. Avant, c'était le côté pile de la médaille. Moi, j'affirme que c'est la face qui doit sortir, mais ça peut être aussi le côté pile.

— Arrangeons-nous pour que ce soit la face, et laissons la pile aux autres.

— Alors, prends bonne note de mon conseil. Il faut desceller du mur le premier anneau ; il faut libérer Diego.

— Si ce n'est pas lui qui a commis l'infamie.

— Même si c'est lui, laisse tomber. Laisse marcher l'enquête : confiée à deux bouffe-polenta comme elle l'est, personne ne pourrait l'arrêter. Laisse-la marcher, laisse-la aboutir, laisse tout ça arriver jusqu'au juge d'instruction ; pendant ce temps, prépare pour Diego un alibi, si fort qu'à vouloir y mordre on y laisse toutes ses dents.

— Que voulez-vous dire ?

— Je veux dire que, le jour où Colasberna a été tué, Diego était à mille kilomètres du lieu du crime, en compagnie de personnes parfaitement honorables, n'ayant jamais rien eu à faire avec la loi, d'honnêtes gens dont aucun juge ne puisse avoir le droit de suspecter la parole.

— Mais puisqu'il a avoué ?...

— S'il a avoué, il ravalera ce qu'il a dit. En raison des tortures physiques ou morales des carabiniers — car les tortures morales existent aussi — il a fait des déclarations qui ne correspondaient pas à la vérité. La preuve que les déclarations qu'il a faites aux carabiniers ne sont pas authentiques, c'est que Pierre, Paul et plusieurs autres personnes absolument dignes de foi témoignent qu'il est matériellement impossible que Diego soit l'auteur du crime. Seuls quelques saints ont reçu le don de se trouver simultanément en deux endroits différents, éloignés l'un de l'autre ; et je ne pense pas qu'un juge puisse reconnaître à Diego ce don de la sainteté... Et puis, regarde dans ce journal cette petite information : « Pour les assassinats de S., les carabiniers ont négligé une piste... »

Le capitaine Bellodi apprit la piste que, d'après ce journal sicilien, habituellement très prudent et peu porté à faire la moindre critique aux « forces de l'ordre », il avait négligée. La piste passionnelle, naturellement. Laquelle, au mieux, pour un homme ignorant les données certaines obtenues par les enquêtes, pouvait donner l'explication d'un des crimes, mais laissait les deux autres dans l'obscurité la plus complète. Sans doute le journaliste se trouvant à S. était-il allé se faire faire la barbe par don Ciccio, et le récit du roman de la femme de Nicolosi avec Passerello avait-il excité son imagination. « Cherchez la femme », disait, en résumé, le journaliste, en bon journaliste et en bon Sicilien. Au contraire, pensait le capitaine, le précepte qu'il aurait fallu inculquer à la police, en Sicile, était de ne pas chercher la femme, précisément parce qu'on finissait toujours par la trouver, pour le plus grand préjudice de la justice.

En Sicile, pensait le capitaine Bellodi, le crime passionnel ne jaillit pas de la passion proprement dite, de la passion du cœur, mais d'une sorte de passion intellectuelle, d'une passion ou d'un souci de formalisme — comment dire ? — juridique. Dans le sens d'une abstraction, en vertu de laquelle les lois perdent graduellement leur consistance au point d'en arriver à une transparence formelle pour laquelle le « mérite », c'est-à-dire le poids humain des actes, ne compte plus ; l'image de l'homme une fois abolie, il n'existe plus que la loi se mirant dans la loi. Le personnage qui porte le nom de Ciampa, dans *Le Bonnet de fou* de Pirandello, ne parlait-il pas comme s'il avait eu dans la bouche toutes les Cours de cassation réunies, tant il analysait et reconstituait la forme sans jamais effleurer le *mérite*. Dès les premiers jours de son arrivée à C., Bellodi était tombé sur un Ciampa ; exactement le personnage de Pirandello, arrivé dans son bureau non pas en quête d'auteur — puisqu'il en avait déjà trouvé un, et un très grand — mais en quête de subtils procès-verbaux : aussi avait-il tenu à parler à un officier, le brigadier lui semblant incapable de suivre l'arabesque de sa logique.

Cela, pensait le capitaine, provient du fait que, dans la conscience du Sicilien, la famille est la seule institution réellement vivante : vivante plutôt comme un nœud dramatique fondé sur un contrat et sur le droit, qu'en tant qu'agrégat naturel et sentimental. C'est la famille qui est l'Etat du Sicilien. L'Etat, ce qui est l'Etat pour nous, est en dehors de lui : c'est une entité de fait réalisée par la force. Il impose les contributions, le service militaire, la guerre, le carabinier. Au sein de cette institution qu'est la famille, le Sicilien passe les frontières de sa solitude naturelle et tragique ; il se plie à la vie en commun en vertu de rapports contractuels sophistiqués. Ce serait trop lui demander que de vouloir lui faire franchir la frontière séparant la famille de l'Etat. Il peut s'enflammer à l'idée de l'Etat, en assumer le gouvernement : mais la forme précise et définitive de son droit et de son devoir, c'est la famille, beaucoup plus proche de la victorieuse solitude.

Le capitaine Bellodi ruminait ces idées et la littérature offrait à son expérience assez récente tantôt une bonne carte, tantôt une mauvaise, tandis qu'il attendait qu'on lui amenât Arena dans son bureau. Il était en train de songer à la mafia et à la manière dont la mafia se ramenait au schéma qu'il avait esquissé, lorsque le brigadier introduisit don Mariano Arena.

Avant de se présenter au capitaine, don Mariano avait réclamé un barbier : un carabinier l'avait alors rasé rapidement, ce qui avait constitué pour lui un soulagement réel. Maintenant il se passait la main sur la figure, tout heureux de n'y plus trouver cette barbe dure comme du papier de verre, qui l'avait encore plus tourmenté que ses soucis les deux jours précédents.

— Asseyez-vous, lui dit le capitaine.

Et don Mariano s'assit en le considérant fermement sous ses lourdes paupières. Un regard qui ne trahissait rien et s'éteignit dès qu'il remua la tête. Comme si ses pupilles, ayant basculé, étaient remontées dans sa tête, y étaient rentrées mécaniquement.

Le capitaine s'enquit auprès de lui : avait-il jamais été en rapport avec Calogero Dibella, dit Parinieddu ?

Don Mariano lui demanda ce qu'il entendait par « rapport » : le simple fait de le connaître ? Une amitié ? Une communauté d'intérêts ?

— Choisissez vous-même, dit le capitaine.

— Il n'y a qu'une seule vérité, je n'ai pas à choisir : simple connaissance.

— Et quelle opinion aviez-vous de ce Dibella ?

— Il me faisait l'impression d'un homme sensé. Quelques petites erreurs de jeunesse; mais, ensuite, il m'a eu l'air de marcher droit.

— Est-ce qu'il travaillait ?

— Vous savez cela mieux que moi.

— Je veux le savoir de vous.

— S'il s'agit de travailler avec une pioche, parce que c'était là le travail auquel son père l'avait destiné, Dibella travaillait autant que vous et moi... Peut-être était-ce un travail de tête ?

— Mais, d'après vous, quel travail de tête ?

— Je l'ignore, et je veux l'ignorer.

— Pourquoi ?

— Parce que cela ne m'intéresse pas. Dibella suivait son chemin, comme je suis le mien.

— Pourquoi parlez-vous de lui au passé ?

— Parce qu'on l'a tué. Je l'ai appris une heure avant que vous ne m'envoyiez les carabiniers.

— En fait, c'est Dibella qui vous les a envoyés, les carabiniers.

— Vous essayez de m'embrouiller les idées.

— Non. Je vais vous faire voir ce qu'a écrit Dibella quelques heures avant de mourir.

Et le capitaine montra à don Mariano une photocopie de la lettre.

Don Mariano la prit et la regarda en l'éloignant de toute la longueur de son bras. Il expliqua qu'il ne voyait bien que de loin.

— Que vous en semble-t-il ? lui demanda le capitaine.

— Rien, lui répondit Arena en lui restituant la photocopie.

— Rien ?

— Absolument rien du tout.

— Cela ne vous fait pas l'effet d'une accusation ?

— Une accusation ? répéta don Mariano d'un air étonné. Moi, ça ne me semble rien du tout. Une feuille de papier avec mon nom dessus.

— Il y a un autre nom.

— Oui : Rosario Pizzuco.

— Vous le connaissez ?

— Je connais tout le pays.

— Mais Pizzuco en particulier ?

— Pas en particulier. Comme tout le monde.

— Vous n'êtes pas en relations d'affaires avec Pizzuco ?

— Permettez-moi une question. Quelles affaires croyez-vous que je traite ?

— Beaucoup, et très différentes.

— Je ne fais pas d'affaires. Je vis de mes rentes.

— Quelles rentes ?

— Mes terres.

— Combien d'hectares possédez-vous ?

— Cent quatre-vingts arpents et... disons quatre-vingt-dix hectares...

— Ça rapporte beaucoup ?

— Pas toujours. Cela dépend de l'année.

— Mais en moyenne, combien peut rapporter un hectare de vos terres ?

— Il y a une bonne partie de mes terres que je laisse en pâturages. Il m'est donc impossible de dire combien me rend l'hectare de terre non cultivé. Je peux dire ce que me rendent mes moutons : en gros un demi-million. Le reste est en blé, en fèves, en amandes et en huile, selon les années.

— Combien d'hectares avez-vous en terres cultivées ?

— De cinquante à soixante hectares.

— Alors, c'est moi qui peux vous dire combien elles rendent par hectare : un minimum d'un million.

— Vous plaisantez.

— Mais non. C'est vous qui êtes en train de plaisanter... Quand vous me dites que vous n'avez pas d'autres sources de revenus que vos terres, que vous n'entrez dans aucune affaire industrielle ou commerciale, je vous crois et, par conséquent, je considère que les cinquante-quatre millions que vous avez déposés l'an dernier dans trois banques différentes, comme il est patent qu'ils n'ont pas été prélevés sur des dépôts antérieurement faits dans d'autres banques, représentent exclusivement le revenu de vos terres. Cela fait un million par hectare. Je dois vous avouer qu'un expert agronome que j'ai consulté était éberlué ; d'après lui, dans la région, il n'y a pas une seule terre qui puisse donner un revenu net de plus de cent mille lires par hectare. Pensez-vous qu'il se trompe ?

— Il ne se trompe pas, dit don Mariano d'un air sombre.

— C'est donc que nous avons fait un faux départ... Faisons marche arrière : de quelles sources proviennent vos revenus ?

— Nous n'avons pas à faire marche arrière : je place et déplace mon argent comme il me plaît... Je peux simplement préciser que je ne le dépose pas toujours à la banque : il m'arrive d'en prêter à des amis sans faire de traite, en toute confiance... Et l'an dernier, tout l'argent que j'avais sorti m'est revenu : alors j'ai fait ces dépôts dans les banques...

— Où vous aviez déjà d'autres dépôts : à votre nom et au nom de votre fille...

— C'est un devoir pour un père que de penser à l'avenir de ses enfants.

— C'est plus que juste, et vous avez assuré à votre fille un avenir de richesse... Mais j'ignore si votre fille pourrait approuver ce que vous avez fait pour la lui assurer, cette richesse... Je sais qu'actuellement elle est dans un pensionnat de Lausanne, très connu, très coûteux. Je me demande ce que vous ferez quand vous allez la retrouver complètement changée, affinée, compatissante à l'endroit de tout ce que vous méprisez, respectueuse à l'égard de tout ce que vous ne respectez pas...

— Laissez ma fille tranquille, dit don Mariano dont une crispation de rage et de douleur contracta le visage.

Puis, se détendant, et comme pour se rassurer lui-même, il déclara :

— Ma fille est comme moi.

— Comme vous ? Je souhaite que non ; et, d'ailleurs, vous faites tout pour que votre fille ne soit pas comme vous, pour qu'elle soit différente... Quand vous ne reconnaîtrez plus votre fille, tant elle sera devenue différente, alors vous paierez de cette façon-là la rançon d'une richesse construite à l'aide de la fraude et de la violence...

— Vous êtes en train de me faire un sermon.

— Vous avez raison... Vous, le prédicateur, c'est à l'église que vous allez l'entendre ; ici, c'est le flic que vous voulez trouver : vous avez raison. Parlons donc de votre fille du point de vue de l'argent qu'elle vous coûte, de l'argent que vous entassez à son nom. Beaucoup d'argent... énormément d'argent, d'une provenance que nous pouvons qualifier d'incertaine... Regardez, ce sont les photocopies des comptes, à votre nom et au nom de votre fille, qui se trouvent dans les banques. Comme vous voyez, nous n'avons pas seulement cherché dans les agences de votre pays ; nous avons poussé jusqu'à Palerme... Cela fait beaucoup, énormément d'argent. Pouvez-vous en expliquer la provenance ?

— Et vous ? demanda don Mariano, impassible.

— J'essaierai, parce que c'est dans l'argent que vous accumulez ainsi mystérieusement qu'il faut chercher la raison des crimes sur lesquels je suis en train d'enquêter ; et ces raisons, il me faut de toute façon les mettre en lumière pour pouvoir vous accuser d'avoir mandaté des assassinats. J'essaierai. Mais vous, il vous faut bien donner une explication au fisc, aux agents du fisc à qui nous allons transmettre ces données...

Don Mariano fit un geste exprimant l'insouciance.

— Nous avons également copie de votre déclaration de revenus et un relevé de situation de la perception. Vous avez déclaré un revenu...

— Egal au mien, intervint le brigadier.

— ... Et vous payez comme impôts...

— Un peu moins que moi, dit encore le brigadier.

— Vous voyez ? dit le capitaine. Il y a beaucoup de choses à tirer au clair, que vous devez m'expliquer...

De nouveau, don Mariano fit un geste d'insouciance.

« ... C'est là le point qu'il faut soulever, pensa le capitaine. Il est inutile de faire appel au Code pénal pour prendre un homme comme celui-ci ; on n'aura jamais de preuves suffisantes ; il aura toujours pour le protéger le silence des honnêtes gens comme des malhonnêtes. Et il n'est pas seulement dangereux, mais inutile, de caresser le rêve d'une suspension des droits constitutionnels. Un nouveau Mori deviendrait tout de suite un instrument électoral et politique ; il serait le bras non pas du régime, mais d'une faction du régime : la faction Mancuso-Livigni, ou la faction Sciortino-Caruso. Ici, ce qu'il faudrait, c'est surprendre les gens par la fraude fiscale, comme en Amérique. Mais pas seulement des gens comme Mariano Arena et pas seulement ici, en Sicile. Il faudrait fondre brusquement sur les banques, livrer à des mains expertes la comptabilité, souvent à double fond, des sociétés grandes et petites, réviser le cadastre. Et tous ces vieux renards et tous ces jeunes renardeaux qui gaspillent leur flair à humer le vent des idées politiques, ou des tendances, ou des rencontres des plus agités d'entre les membres de cette grande famille qu'est le régime, et des voisins de la famille, et des ennemis de la famille, il vaudrait beaucoup mieux qu'ils flairent les villas, les automobiles de luxe, les épouses et les maîtresses de certains fonctionnaires, qu'ils confrontent ces signes extérieurs de richesse avec les traitements et en tirent la conclusion. Ce n'est qu'ainsi que des hommes comme don Mariano sentiraient le terrain se dérober sous eux... Dans n'importe quel autre pays du monde, une fraude fiscale comme celle que je suis en train de constater serait durement punie ; ici don Mariano s'en moque parce qu'il sait qu'il ne lui sera pas difficile de brouiller les cartes. »

— Le fisc, à ce que je vois, ne vous préoccupe pas beaucoup.

— Je ne me préoccupe jamais de rien, lui répondit don Mariano.

— Comment ça ?

— Je suis un ignorant ; mais je me contente des deux ou trois choses que je sais. La première est que nous avons une bouche sous le nez plutôt pour manger que pour parler...

— Moi aussi j'ai une bouche sous le nez, dit le capitaine. Mais je vous assure que je ne mange pas autre chose que ce que vous autres Siciliens appelez le pain du gouvernement.

— Je le sais. Mais vous, vous êtes un homme.

— Et le brigadier ? demanda ironiquement le capitaine en indiquant le brigadier D'Antona.

— Je ne sais pas, dit don Mariano en dévisageant le brigadier avec une attention qui fut très désagréable à celui-ci. Moi, continua don Mariano, j'ai une certaine expérience du monde ; ce que nous appelons l'humanité — et nous en avons plein la bouche quand nous disons l'humanité qui est un beau mot plein de vent — je la divise en cinq catégories : les hommes, les moitiés d'homme, les homuncules, les culs-bottés (sauf votre respect) et les coin-coin. Il y a très peu d'hommes, et pas beaucoup de moitiés d'homme ; ce serait bien beau si l'humanité s'arrêtait là, aux moitiés d'homme ; mais non, elle descend plus bas, aux homuncules, qui sont comme les enfants qui se croient grands, des singes qui imitent les gestes des hommes... Encore, plus bas, les culs-bottés qui sont en train de devenir une armée... Enfin les coin-coin, qui devraient vivre dans les mares comme les canards parce que leur vie n'a pas plus de sens ni plus d'expression que celle des canards... Vous, même si vous me clouez sur ces papiers comme un Christ en croix, vous êtes un homme...

— Vous aussi, dit le capitaine avec une certaine émotion.

Ce salut des armes échangé avec un chef de la mafia lui laissa tout de suite un malaise, mais il se justifia lui-même en se souvenant qu'au milieu des acclamations d'une fête de la nation il avait serré la main du ministre Mancuso et du député Livigni, en tant que représentants du pays, entourés de trompettes et de drapeaux : don Mariano avait sur eux l'avantage d'être un homme ; au-delà de la morale et de la loi, au-delà de la pitié, il y avait une masse indomptée d'énergie humaine, une masse de solitude, une aveugle et tragique volonté ; comme un aveugle reconstruit dans son esprit le monde des objets, obscur et informe, ainsi don Mariano reconstruisait le monde des sentiments, des lois, des rapports humains. Et quelle autre notion pouvait-il avoir du monde, s'il avait toujours vu autour de lui la voix du droit étouffée par la force, et si le vent des événements n'avait fait autre chose que changer la couleur des mots sur une réalité immobile et pourrie ?

— Pourquoi suis-je un homme et non pas une moitié d'homme ou même un coin-coin ? demanda-t-il avec une dureté faite d'exaspération.

— Parce que, lui répondit don Mariano, quand on a le poste que vous occupez, il est facile de piétiner la figure d'un homme, et vous, vous avez du respect... De la part de personnes qui étaient assises là où vous êtes assis, là où est assis le brigadier, il y a bien des années de cela, j'ai reçu une offense pire que la mort : un officier comme vous m'a giflé ; et, en bas, dans le cachot, il y avait un brigadier qui m'appliquait son cigare allumé sur la plante des pieds, et qui riait... Et moi je dis : est-ce qu'il est encore possible de dormir quand on a été offensé ainsi ?

— Alors moi, je ne vous offense pas ?

— Non. Vous, vous êtes un homme, affirma pour la seconde fois don Mariano.

— Mais cela vous paraît digne d'un homme, de tuer ou faire tuer un autre homme ?

— Je n'ai jamais rien fait de semblable. Mais si vous me demandez, en manière de passe-temps... pour parler des choses de la vie, s'il est juste de supprimer la vie d'un homme, moi je vous dirai : il faut d'abord voir si c'est un homme...

— Dibella n'était pas un homme ?

— C'était un coin-coin, affirma don Mariano avec mépris. Il s'était laissé aller, et les paroles ne sont pas comme les chiens qu'on peut siffler pour les faire revenir.

— Vous aviez des motifs particuliers pour le classifier ainsi ?

— Aucun motif. Je le connaissais à peine.

— Pourtant, votre jugement est exact. Vous deviez donc posséder des éléments de base... Peut-être saviez-vous que c'était un mouchard, un indicateur des carabiniers...

— Cela m'était égal.

— Mais vous le saviez...

— Tout le pays le savait...

— Nos sources secrètes d'information ! dit ironiquement le capitaine en se tournant vers le brigadier.

Puis il s'adressa de nouveau à don Mariano :

— Peut-être, lui dit-il, Dibella rendait-il service aux amis en nous faisant certaines confidences. Qu'en dites-vous ?

— Je n'en sais rien.

— Mais, pour une fois, il y a une dizaine de jours, Dibella a laissé échapper un renseignement exact, dans ce bureau, assis là où vous êtes assis... Comment avez-vous fait pour le savoir ?

— Je ne l'ai pas su ; et si je l'avais su, cela ne m'aurait fait ni chaud ni froid.

— Peut-être bien que Dibella est venu vous trouver pour vous avouer son erreur parce qu'il avait des remords...

— C'était quelqu'un qui pouvait éprouver de la peur, mais pas des remords ; et il n'y avait aucune raison pour qu'il vînt me trouver.

— Et vous, vous êtes capable d'éprouver des remords ?

— Jamais. Ni remords ni peur.

— Certains de vos amis disent que vous êtes extrêmement pieux.

— Je vais à l'église. J'envoie de l'argent aux orphelinats...

— Vous croyez que cela suffit ?

— Certainement que cela suffit. L'Eglise est assez grande pour que chacun puisse s'y tenir à sa façon.

— Vous n'avez jamais lu l'Evangile ?

— Je l'entends lire tous les dimanches.

— Que vous en semble ?

— Ce sont de belles paroles. L'Eglise est une belle chose.

— Je vois que, pour vous, la beauté n'a rien à faire avec la vérité.

— La vérité est au fond d'un puits. Vous regardez dans un puits : vous y voyez le soleil ou la lune. Mais si vous vous jetez dans le puits, il n'y a plus ni soleil ni lune ; il y a la vérité.

Le brigadier commençait à se fatiguer. Il se sentait comme un chien obligé de suivre le chasseur au milieu de pierres arides sans la moindre piste de gibier. Un long chemin tortueux. C'est à peine s'ils effleuraient les victimes des assassinats : tout de suite ils élargissaient le cercle : l'Eglise, l'humanité, la mort. Une conversation comme au Cercle, nom de Dieu. Avec un criminel...

— Vous avez aidé beaucoup d'hommes, dit le capitaine, à trouver la vérité au fond d'un puits.

Don Mariano écarquilla deux yeux, froids comme deux pièces de nickel. Mais il ne dit rien.

— Et Dibella était déjà dans la vérité, continua le capitaine, quand il a écrit votre nom et celui de Pizzuco.

— C'est dans la folie qu'il était ; pas dans la vérité.

— Il n'était pas fou... Je l'avais fait venir tout de suite après la mort de Colasberna. J'avais déjà eu des informations anonymes qui me permettaient de rattacher le meurtre à des intérêts bien déterminés... Je savais qu'on avait fait à Colasberna des propositions et des menaces, qu'on avait même tiré sur lui, mais simplement à titre d'avertissement ; et j'ai demandé à Dibella s'il pouvait me renseigner sur l'identité de celui qui avait fait des propositions et des menaces à Colasberna. Pris au dépourvu, mais pas au point de ne m'indiquer que la seule bonne piste, il me donna deux noms ; l'un d'eux, comme j'ai pu le constater par la suite, était uniquement destiné à m'égarer... Mais je voulais le protéger ; d'autre part, je ne pouvais pas commettre l'erreur d'arrêter les deux hommes indiqués par Dibella ; je devais n'en arrêter qu'un, et à coup sûr puisqu'ils appartenaient à deux « cosques » rivales, si bien que l'un des deux devait être nettement en dehors de l'affaire. Ou La Rosa ou Pizzuco... Entretemps, voilà qu'on signala la disparition de Nicolosi. Je fus surpris de certaines coïncidences... Et lui aussi, avant de disparaître, Nicolosi nous avait laissé un nom. Nous avons mis la main sur un certain Diego Marchica, que vous connaissez certainement, il a avoué...

— Diego ? protesta don Mariano d'un ton incrédule.

— Diego, confirma le capitaine.

Il ordonna au brigadier de lire les aveux.

Don Mariano suivit la lecture en faisant entendre un grondement qui ressemblait à de l'asthme, mais c'était de la rage.

— Vous voyez que Diego nous a menés à Pizzuco sans se faire prier, et Pizzuco à vous.

— Moi, Dieu lui-même ne vous mènerait pas à moi, affirma don Mariano sûr de son fait.

— Vous avez une grande estime pour Pizzuco, constata le capitaine.

— Je n'ai d'estime pour personne, mais je connais tout le monde.

— Je ne voudrais pas vous procurer une désillusion en ce qui concerne Pizzuco, d'autant plus que Diego vous en a déjà donné une grande.

— C'est un cornard ! dit don Mariano, la face bouleversée par un irrépressible écœurement ; et ce fut là le signe d'une faiblesse inattendue.

— Ne croyez-vous pas que vous êtes un peu injuste ? Diego n'a pas fait la moindre allusion à vous.

— Qu'est-ce que j'ai à voir là-dedans ?

— Si vous n'avez rien à y voir, pourquoi vous mettre en colère ?

— Je ne me mets pas en colère, je regrette la chose pour Pizzuco, qui est un homme convenable... Quand je vois une infamie, cela m'agite.

— Vous pouvez garantir que ce que Marchica a dit à la charge de Pizzuco est faux ?

— Je ne peux pas garantir quoi que ce soit, même pas une traite d'un sou.

— Mais vous ne croyez pas que Pizzuco soit coupable ?

— Je ne le crois pas.

— Et si c'était Pizzuco lui-même qui avait avoué, en vous désignant comme complice ?

— Je dirais qu'il est devenu fou.

— Ce n'est pas vous qui avez chargé Pizzuco

de régler le sort de Colasberna, par la douceur ou par la force ?

— Non.

— Vous n'avez ni participation ni intérêts dans des entreprises de construction ?

— Moi ? En voilà une histoire !

— Ce n'est pas vous qui avez recommandé l'entreprise Smiroldo pour une grosse adjudication, qu'elle a obtenue dans des conditions à tout le moins inaccoutumées, grâce à votre recommandation ?

— Non... Si. Mais j'en fais des milliers, de recommandations.

— De quel genre ?

— De tous les genres. Une adjudication, une place dans une banque, un baccalauréat, un secours...

— A qui adressez-vous vos recommandations ?

— Aux amis qui peuvent faire quelque chose.

— Mais à qui, généralement ?

— A ceux qui sont mes meilleurs amis. A ceux qui sont en mesure d'être le plus utiles.

— Et vous n'en tirez aucun avantage, aucun profit, aucun témoignage de reconnaissance ?

— J'en retire de l'amitié.

— N'empêche que, quelquefois...

— Quelquefois, pour Noël, on m'envoie de la cassata.

— Ou bien un chèque. Le comptable Martini, de la compagnie Smiroldo, se rappelle un chèque qui lui est passé entre les mains, et que vous a envoyé l'ingénieur Smiroldo... Etait-ce une marque de reconnaissance pour cette adjudication que vous lui aviez fait obtenir, ou bien aviez-vous rendu encore d'autres services à sa compagnie ?

— Je ne me rappelle pas. Cela pouvait être une restitution.

— Nous allons convoquer l'ingénieur Smiroldo, puisque vous ne vous en souvenez pas.

— C'est cela. Cela m'épargnera des efforts pour m'en souvenir... Je suis vieux : quelquefois ma mémoire me trahit.

— Puis-je au moins faire appel à votre mémoire en ce qui concerne un fait plus récent ?

— Voyons cela.

— L'adjudication des travaux de la route allant de Monterosso à Falcone. A part le fait que vous êtes parvenu à obtenir le financement d'une route complètement inutile, avec un tracé impossible — et nous avons la preuve que c'est vous qui en avez obtenu le financement dans l'article d'un correspondant local qui vous en reconnaît le mérite — à part cela, est-ce que ce n'est pas à vous que l'entreprise Fazello doit d'avoir obtenu l'adjudication des travaux ? C'est ce que m'a dit M. Fazello et je ne vois pas quelle raison pouvait le pousser à mentir.

— Aucune.

— Et il a su, sous une forme ou sous une autre, vous montrer sa reconnaissance ?

— Et comment ! Il est venu raconter l'histoire ici ; il m'a bien récompensé ! Il a même fait bon poids !

Une heure avant la séance, ils avaient retiré leurs billets à l'entrée de la via Missione. Ils avaient rôdé dans la galerie, près du café Da Berardo, flânant et regardant les gros titres des magazines affichés aux kiosques. Rome était comme figée dans une douce lumière. Elle n'était qu'une paisible promenade, à peine effleurée par le passage des automobiles et le grincement prolongé des trolleybus. La voix des crieurs de journaux, le nom de leur pays prononcé en même temps que le mot « crimes » n'avaient, pour eux, qu'un son irréel et lointain. Il y avait deux jours qu'ils avaient quitté leur pays : ils avaient déjà parlé avec deux grands pénalistes, un ministre, cinq ou six députés, trois ou quatre individus recherchés par la police, mais qui jouissaient des loisirs dorés de Rome dans les petits restaurants et les cafés du Testaccio ; ils se sentaient assez tranquilles, et l'invitation de leur député à visiter Montecitorio, pour assister à une séance où le gouvernement répondrait à des interpellations sur l'ordre public en Sicile, leur avait paru la meilleure manière d'achever une journée haletante. Les journaux du soir disaient que la détention préventive de Marchica, de Pizzuco et d'Arena s'était transformée en prison ferme, que le Procureur de la République avait expédié les mandats d'arrêt. D'après ce que les journalistes avaient réussi à flairer, Marchica avait avoué un assassinat et avait accusé Pizzuco d'un autre ; Pizzuco avait admis son concours involontaire aux deux assassinats commis par Marchica : deux, et non pas l'unique avoué par Marchica ;

Arena n'avait rien admis, et ni Marchica ni Pizzuco ne l'avaient accusé de complicité. Mais le Procureur de la République avait ainsi rédigé ses mandats d'arrêt : homicide prémédité, et incitation à l'homicide pour Arena. Vilaine situation. Mais vus de Rome, à une heure qui semblait recréer la ville au sein de l'heureuse, de l'aérienne liberté d'une bulle de savon, lumineuse, diaprée de toutes les couleurs des femmes et des vitrines, ces mandats d'arrêt semblaient monter joyeusement comme des cerfs-volants et jouer aux chevaux de bois autour de la colonne d'Antonin.

C'était presque l'heure. Les deux hommes s'engouffrèrent dans le passage souterrain. Dans le flot multicolore de la foule, dont la crudité de l'éclairage fluorescent des vitrines intensifiait encore les teintes, leurs pardessus sombres, leurs faces aussi noires que celles du saint patron de S., leurs signes de deuil, le silencieux langage des coups de coudes réciproques et des coups d'œil enthousiastes par lequel ils se signalaient et saluaient le passage des jolies femmes, la hâte avec laquelle ils marchaient, attiraient un instant l'attention des gens. La plupart les prenaient pour des policiers filant un voleur ; alors qu'ils n'étaient l'un et l'autre qu'une parcelle de la question méridionale.

Les huissiers de la Chambre les toisèrent avec méfiance, se passèrent l'un à l'autre leurs billets d'entrée, leur demandèrent leurs cartes d'identité et les invitèrent à ôter leurs pardessus. Enfin on finit par les accompagner à une loge qui ressemblait tout à fait à une loge de théâtre ; ils se trouvaient comme au bord d'un énorme entonnoir ; au-dessous d'eux, une sombre fourmilière liquide. La lumière était celle qui, dans leur pays, annonce certains orages, lorsque les nuages, poussés par le vent du Sahara, se groupent et semblent lentement bouillir, ne laissant filtrer qu'une lumière faite de sable et d'eau : curieuse lumière qui donne aux objets une surface satinée.

Avant que la gauche, le centre et la droite, qui jusque-là n'avaient été dans leur esprit que des notions abstraites, n'aient pris un aspect concret dans la topographie de la Chambre, sous forme de physionomies connues, il leur fallut un peu de temps. Lorsqu'ils virent surgir, derrière un journal, la figure de Togliatti, ils surent que c'était la gauche qu'ils avaient en face d'eux. Avec la lente précision d'un compas, ils tournèrent les yeux vers le centre, s'arrêtèrent un instant sur la face de Nenni, celle de Fanfani ; et voici que le député auquel ils devaient ce spectacle leur donna l'impression de les regarder : ils le saluèrent de la main, mais le député ne s'en aperçut pas. Dieu sait ce qu'il regardait en pensée. Ce qui les impressionnait, c'était le mouvement continuel des employés allant d'un banc à l'autre ; il semblait imprimer à toute la salle le va-et-vient mécanique d'un métier à tisser. Il montait un murmure uniforme et continu qui, eût-on dit, provenait d'une salle vide plutôt que de la présence de ces groupes de gens clairsemés et soucieux, assis sur les bancs de l'hémicycle.

De temps en temps, on entendait une sonnette. Puis une voix commença à flotter sur cette lumière de sable, parut surnager comme une tache d'huile au-dessus du niveau croissant du brouhaha de la salle. Ils n'arrivaient pas à localiser l'origine de cette voix ; enfin, du président agitant sa sonnette, leurs yeux descendirent sur ce qui devait être le banc du gouvernement puisque le ministre Pella était assis à côté de l'orateur.

— Nous voulons le ministre ! cria-t-on des bancs de la gauche.

Le président agita sa sonnette. Il dit que le ministre n'avait pas pu venir, que le sous-secrétaire d'Etat le remplaçait, qu'il fallait le laisser parler, que personne n'avait voulu manquer de respect à la Chambre. Ce fut comme s'il n'avait rien dit.

— Le ministre, le ministre ! continuaient à crier les députés de gauche.

— Mais, bon Dieu, laissez-le parler ! dit un des deux hommes (uniquement à l'oreille de son compagnon).

On laissa parler le sous-secrétaire.

Celui-ci déclara que le gouvernement ne voyait pas, dans la situation de l'ordre public en Sicile, des raisons de se préoccuper d'une façon particulière.

On entendit de bruyantes protestations à gauche. Ces clameurs s'affaiblissaient quand une voix cria, des bancs de droite :

— Il y a vingt ans, en Sicile, on dormait les portes ouvertes.

De la gauche presque jusqu'au centre, les députés se dressèrent en hurlant. Les deux hommes se penchèrent du haut de la tribune pour apercevoir le fasciste qui en dessous d'eux répondait aux hurlements et criait, d'une voix de taureau :

— Oui, il y a vingt ans, l'ordre régnait en Sicile ; c'est vous qui l'avez détruit !

Et son index accusateur passa de Fanfani à Togliatti.

Les deux hommes apercevaient sa tête rasée et sa main accusatrice. Ils chuchotèrent d'un commun accord : « L'ordre des cornes que tu as sur la tête. »

Le tintement de la sonnette se prolongea et devint frénétique. Le sous-secrétaire reprit la parole. Il dit que, sur les faits qui s'étaient déroulés à S. et sur lesquels portaient les interpellations, il n'avait rien à dire, l'enquête judiciaire étant en cours ; mais que, de toute façon, le gouvernement considérait ces faits comme s'apparentant à la criminalité courante et repoussait l'interprétation que leur donnaient les députés qui l'interpellaient. Le gouvernement repoussait fièrement et dédaigneusement l'insinuation que la gauche faisait dans ses journaux, à savoir que des membres du Parlement ou même du gouvernement auraient le moindre rapport avec la prétendue mafia. Laquelle, d'après le gouvernement, n'existait que dans l'imagination des socialistes et des communistes.

La gauche, dont les représentants étaient devenus très nombreux, fit entendre un tonnerre de protestations. Un député de haute taille, les cheveux grisonnants, presque chauve, descendit de son banc et s'approcha de celui du gouvernement. Il se trouva en face de trois huissiers. Il hurla au sous-secrétaire de telles insultes que les deux spectateurs pensèrent « ça va finir par des coups de couteau ». La sonnette semblait devenue folle. Bondissant de la droite de l'hémicycle comme un grillon, le député à tête rasée se trouva au centre de la salle : d'autres huissiers se précipitèrent pour le maintenir. Il hurla ses insultes dans la direction de la gauche. Le mot « crétin » vola par flots, par ondées, effleura sa tête massive comme les flèches des Indiens celle de Buffalo Bill.

« Ici, il faudrait tout un bataillon de carabiniers », pensèrent les deux hommes, admettant pour la première fois que les carabiniers pouvaient servir à quelque chose. Ils regardèrent du côté où se trouvait le député qu'ils connaissaient. Il était tranquille ; il aperçut leur regard et, en souriant, il les salua de la main.

C'était une soirée indolente de Parme, effleurée d'une lumière vibrante qui était par elle-même évasion, souvenir, indicible attendrissement. Le capitaine Bellodi cheminait, dans les rues de la ville, au sein d'un espace reflété par sa mémoire. La Sicile lointaine était présente et vive en lui, comme une charge de mort et d'injustice.

Il avait été appelé à Bologne pour témoigner dans un procès en qualité d'agent verbalisateur. Le procès fini, il n'avait pas eu le courage de retourner en Sicile : sa fatigue nerveuse lui présentant comme plus douces encore et plus reposantes que de coutume des vacances en famille, à Parme, il avait demandé un congé pour raisons de santé ; on lui en avait accordé un pour un mois.

Maintenant, près de la moitié de son congé s'était écoulée, et tout un paquet de journaux locaux, que le brigadier D'Antona avait eu la bonne idée de lui envoyer, lui apprenait que sa reconstitution si soigneuse des crimes de S. avait été démolie comme un château de cartes sous le souffle d'alibis irréfutables. Bien mieux, il avait suffi d'un seul alibi pour la démolir : celui de Diego Marchica. Des personnalités irréprochables, au-dessus de tout soupçon, plus que respectables aussi bien par leur culture que par leur fortune, avaient témoigné devant le juge d'instruction de l'impossibilité où était Diego Marchica d'avoir tiré sur Colasberna et d'avoir été reconnu par Nicolosi : à l'heure où le crime avait été commis, Diego se trouvait à soixante-seize kilomètres de là, distance qui sépare S. de P., dans un jardin appartenant au docteur Baccarella ; sous les yeux mêmes du docteur, habitué à se lever de bonne heure pour surveiller le jardinage, il s'occupait paisiblement à faire pleuvoir de l'eau d'un tube d'arrosage sur son gazon. De cela non seulement le docteur, mais des paysans et des passants, tous connaissant fort bien l'identité de Diego, pouvaient témoigner : leurs souvenirs à ce sujet étaient tout à fait nets.

Les aveux qu'avait faits Diego au capitaine Bellodi étaient dus, d'après lui, à une sorte de point d'honneur. Le capitaine lui avait fait croire qu'il avait été chargé par Pizzuco ; aveuglé par la colère, il avait voulu rendre coup pour coup et s'était accusé lui-même uniquement pour accabler Pizzuco. De son côté, devant l'infamie de Diego, Pizzuco avait tiré un véritable feu d'artifice de mensonges : il s'était accusé de petites fautes avec le seul objectif de mettre une pierre au cou de Marchica qui l'avait déshonoré. Mais le fusil ? Eh bien, voilà : Pizzuco aurait à répondre de détention d'arme abusive. Le fait d'avoir chargé son beau-frère de le faire disparaître ne pouvait être attribué qu'à la préoccupation que lui donnait cette arme prohibée par la loi.

Pour don Mariano, que les journalistes avaient photographié et interviewé, inutile de dire que le puzzle infiniment patient d'indices à charge reconstitué par le capitaine et par le Procureur de la République, s'était évaporé. Une auréole d'innocence illuminait sa tête alourdie d'une sage malice — les photographies le montraient bien. Un journaliste lui ayant demandé ce qu'il pensait du capitaine Bellodi, don Mariano avait déclaré : « C'est un homme. » Le journaliste avait insisté : voulait-il dire qu'en tant qu'homme il était sujet à se tromper, ou bien quelque adjectif n'était-il pas nécessaire pour compléter son jugement ? Ce à quoi don Mariano avait répondu : « Quel adjectif ? L'homme n'a pas besoin d'adjectifs. Si je dis que le capitaine est un homme, c'est un homme et cela suffit. » Le journaliste avait jugé cette réponse sibylline, mais certainement dictée par l'irascibilité, probablement aussi par la rancune.

Au contraire, tel un général victorieux, don Mariano avait voulu exprimer sur son adversaire battu un jugement serein, un éloge : ainsi ajoutait-il une touche ambiguë, faite de plaisir et d'irritation tout à la fois, aux sentiments qui s'agitaient tempétueusement dans l'âme du capitaine.

D'autres informations, marquées d'un trait rouge par le brigadier D'Antona, disaient que, naturellement, l'enquête relative aux trois assassinats avait été rouverte, et que le détachement mobile de police était déjà sur la bonne route en ce qui concernait le meurtre de Nicolosi : on avait arrêté sa veuve et l'amant de celle-ci, un certain Passerello, sur lesquels pesaient de graves soupçons, inexplicablement négligés par le capitaine Bellodi. Autre nouvelle marquée au crayon rouge dans la chronique de la ville : le brigadier en chef Arturo Ferlisi, commandant la section de S., avait été transféré, sur sa demande, à Ancône : le correspondant du journal rendait hommage à ses qualités d'équilibre et d'habileté, et lui adressait salutations et souhaits.

Le capitaine marchait au hasard dans les rues de Parme en ruminant ces nouvelles qui l'enflammaient d'une rage impuissante. On eût dit qu'il allait à un rendez-vous et craignait d'arriver en retard. Ainsi n'entendit-il pas son ami Brescianelli qui l'appelait par son nom du trottoir d'en face. Si bien qu'il fut surpris et contrarié quand celui-ci le rattrapa et se planta devant lui, affectueux et souriant, réclamant plaisamment de lui au moins un salut en souvenir de l'heureux temps, du temps lointain, hélas ! de leurs années de lycée. Bellodi s'excusa gravement de ne pas l'avoir entendu et lui expliqua qu'il ne se sentait pas bien, oubliant que Brescianelli était médecin et ne lâcherait pas comme cela un ami qui ne se sentait pas bien.

En effet, Brescianelli recula d'un pas pour mieux l'observer, constata qu'il avait maigri, ce qui se voyait à son pardessus devenu trop large et trop long ; puis il le regarda dans les yeux, dont le blanc, dit-il, était légèrement teinté de terre de Sienne, ce qui signifiait « troubles hépatiques », s'enquit des symptômes qu'il présentait, et nomma quelques remèdes. Bellodi l'écoutait avec un sourire distrait.

— Tu m'entends ? lui demanda Brescianelli. Mais peut-être bien que je t'ennuie.

— Non, non, protesta Bellodi ; ça me fait plaisir de te revoir. Au contraire : où vas-tu ?... Je t'accompagne, ajouta-t-il en passant son bras sous celui de son camarade sans attendre sa réponse.

En s'appuyant au bras de cet ami, un geste qu'il avait presque oublié, il éprouva réellement le besoin d'une compagnie, le besoin de parler, de distraire sa colère au contact de choses très éloignées d'elle.

Mais Brescianelli s'enquit de la Sicile : comment était la Sicile, comment on s'y trouvait. Et des crimes.

Bellodi déclara que la Sicile était quelque chose d'incroyable.

— Oui, tu as raison, incroyable. Moi aussi j'ai

connu des Siciliens : ils sont extraordinaires... Et maintenant, ils ont leur autonomie, leur gouvernement. Moi, je dis que c'est le gouvernement de la chevrotine... Incroyable, c'est bien le mot qui convient.

— L'Italie aussi est incroyable. Il faut aller en Sicile pour constater combien l'Italie est incroyable.

— Peut-être bien que toute l'Italie est en train de devenir Sicile... Moi, il m'est venu une idée quand j'ai lu dans les journaux les scandales de ce gouvernement de la région. Les savants disent que la ligne du palmier, c'est-à-dire le climat propice à la croissance du palmier, remonte vers le nord... de cinq cents mètres par an, je crois... La ligne du palmier... Moi, je dis : la ligne du café fort, du café concentré... Ça monte comme la colonne de mercure du thermomètre, cette ligne du palmier, du café fort, des scandales : ça remonte l'Italie, ça a déjà dépassé Rome...

Il s'arrêta brusquement et déclara à une jeune femme qui venait à leur rencontre en riant :

— Toi aussi, tu es incroyable; incroyable de beauté !

— Comment, moi aussi ? Quelle est l'autre ?

— La Sicile... Elle aussi est femme. Mystérieuse, implacable, vindicative... et très belle. Comme toi. Le capitaine Bellodi, que je te présente, était en train de me parler de la Sicile... Et celle-ci, c'est Livia, dit-il en s'adressant à Bellodi. Livia Giannelli que tu te rappelles peut-être petite fille. Maintenant c'est une femme, une femme qui ne veut pas entendre parler de moi.

— Vous venez de Sicile ? lui demanda Livia.

— Oui, dit Brescianelli. Il vient de Sicile. Il est là-bas en qualité d'ignoble flic, comme ils disent.

Et il prononça cette expression en imitant la voix caverneuse et l'accent catanais de l'acteur Angelo Musco.

— J'adore la Sicile, dit Livia, se mettant entre eux et prenant chacun d'eux par le bras.

« Ça, c'est Parme, pensa Bellodi avec un brusque bonheur ; ça, c'est une jeune fille de Parme. Tu es chez toi. Au diable la Sicile. »

Mais Livia voulait apprendre des choses incroyables sur cette incroyable Sicile.

— J'ai été une fois à Taormina, dit-elle. Et aussi à Syracuse pour les représentations classiques. Mais on me dit que, pour connaître la Sicile, il faut aller à l'intérieur… Dans quelle ville résidez-vous ?

Bellodi nomma la bourgade. Ni Livia ni Brescianelli n'en avaient jamais entendu parler.

— Comment est-ce ? demanda la jeune fille.

— Un vieux bourg avec des maisons badigeonnées de chaux, des montées très raides et des escaliers : en haut de chaque montée et de chaque escalier, il y a une vilaine église.

— Et les hommes : ils sont très jaloux, les hommes ?

— D'une certaine façon, répondit Bellodi.

— Et la mafia ? Qu'est-ce que c'est que cette mafia dont les journaux parlent sans arrêt ?

— Oui, renchérit Brescianelli ; qu'est-ce que c'est que la mafia ?

— C'est bien compliqué à expliquer, répondit Bellodi. C'est... C'est incroyable : voilà !

Il commençait à tomber une petite neige piquante, et la blancheur du ciel annonçait qu'elle allait durer longtemps. Livia proposa aux deux jeunes gens de l'accompagner chez elle : elle devait avoir des amies, on écouterait des morceaux de vieux jazz formidables, des disques trouvés par miracle ; il y aurait du bon whisky d'Ecosse et du cognac Carlos primero.

— A manger aussi ? demanda Brescianelli.

Livia leur promit qu'on leur donnerait de quoi manger.

Ils trouvèrent la sœur de Livia et deux autres jeunes filles étendues sur un tapis devant le feu, leur verre à côté d'elles, tandis que le tourne-disque jouait *L'Enterrement à La Nouvelle-Orléans* qui devenait une obsession. Elles aussi adoraient la Sicile. Elles eurent un frisson voluptueux en évoquant les couteaux qu'à leur idée la jalousie faisait briller. Elles plaignirent les Siciliennes, tout en les enviant un peu. Le rouge du sang devint le rouge de Guttuso. Le coq de Picasso qui s'étalait sur la couverture du *Bel Antoine*, de Brancati, leur parut un délicieux emblème de la Sicile. Elles frémirent encore une fois en pensant à la mafia et demandèrent au capitaine le récit des terribles choses qu'il avait dû voir, et des explications sur ces choses.

Bellodi raconta l'histoire du médecin d'une prison sicilienne qui s'était mis en tête, comme c'était légitime, d'ôter aux détenus mafieux le privilège de résider à l'infirmerie. Il y avait à la prison de nombreux malades, certains d'entre eux turberculeux, qui logeaient dans les cellules et dans les chambrées ordinaires alors que les caïds, en parfaite santé, occupaient l'infirmerie pour jouir d'un meilleur régime. Le médecin demanda qu'on leur fît réintégrer les locaux ordinaires et qu'on mît les malades à l'infirmerie. Ni les agents ni le directeur ne donnèrent suite à cette requête. Le médecin écrivit au ministère. Le résultat fut qu'une nuit on le convoqua à la prison : on lui dit qu'un détenu avait un besoin urgent du médecin. Le médecin y alla. A un certain endroit, il se trouva, à l'intérieur de la prison, seul au milieu des détenus ; alors les caïds le rossèrent soigneusement, avec beaucoup de discernement. Les gardiens ne s'aperçurent de rien. Le médecin dénonça cette agression au Procureur de la République, au ministère. Les caïds — mais pas tous — furent changés de prison. Le médecin fut relevé de ses fonctions par le ministère, vu que son zèle avait donné naissance à des incidents. Comme c'était un militant de gauche, il s'adressa à ses camarades du parti pour obtenir leur appui : ils lui répondirent qu'il valait mieux « laisser tomber ». Ne parvenant pas à venger l'affront qu'il avait reçu, il s'adressa alors à un chef de la mafia, et celui-ci lui donna la satisfaction de faire rosser, dans la prison où il avait été transféré, l'un de ceux qui l'avaient rossé. Il sut par la suite de façon certaine que celui-ci avait été rossé comme il convenait.

Les jeunes filles trouvèrent l'épisode délicieux. Brescianelli le trouva terrible.

Les jeunes filles préparèrent des sandwiches. On mangea, on but du whisky et du cognac, on écouta des airs de jazz, on parla encore de la Sicile, puis de l'amour, puis du sexe. Bellodi se sentait comme un convalescent très sensible, tendre, affamé. Au diable, la Sicile ! Au diable tout ça !

Il rentra chez lui vers minuit après avoir traversé la ville à pied. Parme était figée sous la neige, silencieuse, déserte. « En Sicile les chutes de neige sont rares », pensa-t-il. Il se demanda alors si le caractère de la civilisation dépendait de la neige ou du soleil, selon que l'emportait celui-ci ou celle-là. Il se sentait l'esprit un peu brouillé. Mais, avant d'arriver chez lui, il savait, de la façon la plus lucide, qu'il aimait la Sicile et qu'il y retournerait.

— Je m'y briserai la tête, dit-il à haute voix.

# NOTE

« Excusez la longueur de cette lettre, écrivait un Français (ou une Française) du grand XVIII$^{e}$ siècle, je n'ai pas eu le temps d'en faire une plus courte. »

Moi, en ce qui concerne l'observance de la bonne règle qui consiste à faire court également un récit, je ne puis dire que le temps m'ait manqué ; j'ai mis toute une année de travail, d'un été à l'autre, pour raccourcir ce récit : non pas une année d'un travail intense, évidemment, mais en marge d'autres travaux et de préoccupations d'un ordre bien différent. Le résultat auquel ce travail de coupure tendait à arriver, bien plutôt qu'à donner de la mesure, de la concentration et du rythme à mon récit, c'était de parer les révoltes éventuelles de ceux qui eussent pu se considérer plus ou moins directement atteints par mon récit. On n'ignore pas qu'en Italie il ne faut pas jouer avec le feu ; qu'on imagine ce qu'il en est quand on ne désire pas jouer, mais parler sérieusement. Les Etats-Unis peuvent présenter dans leurs récits et dans leurs films des généraux imbéciles, des juges corrompus et des policiers canailles. L'Angleterre aussi, la France aussi (tout au moins jusqu'à aujourd'hui), la Suède aussi et ainsi de suite. L'Italie n'en a jamais présentés, n'en présente pas, n'en présentera jamais. C'est ainsi, et c'est dur à digérer, comme dit Giusti, parlant de ces ambassadeurs à qui Barnabo Visconti fit avaler une bulle (le parchemin et les sceaux de plomb). Je ne me sens pas l'héroïsme de défier, de propos délibéré, des imputations de diffamation et d'outrage au gouvernement. C'est pourquoi, lorsque je me suis aperçu que mon imagination ne tenait pas suffisamment compte des limites imposées par les lois et, plus encore que par les lois, par la susceptibilité de ceux qui sont chargés de faire respecter ces lois, j'ai commencé à supprimer, supprimer, supprimer.

Dans l'ensemble, les grandes lignes de mon récit n'ont pas changé, de la première à la seconde rédaction : quelques personnages ont disparu, certains autres sont rentrés dans l'anonymat, certaines séquences ont été coupées. Il est possible que le récit n'ait fait qu'y gagner. Il n'en est pas moins certain que je ne l'ai pas écrit avec la parfaite liberté dont un écrivain (je ne me dis écrivain que par le fait que j'écris) devrait toujours jouir.

Inutile de dire qu'il n'existe pas, dans ce récit, de personnage ou de fait ayant une correspondance autre que fortuite avec des personnes existantes ou des faits qui se sont réellement produits.

# BIBLIOGRAPHIE

## PREMIERES ŒUVRES

*Le Parrocchie di Regalpetra* (1956). Idéalement, la bibliographie de Sciascia commence avec ce livre. L'histoire et la vie d'un village sicilien y sont décrits sur un ton qui rappelle Paul-Louis Courier. Sciascia a environ 35 ans quand il compose ce texte qui est — à ce moment — la totalisation, par l'écriture, de l'expérience socio-politique d'une vie.

*Le Parrocchie di Regalpetra* sont précédées de trois coups d'essai : *Le Favole della dittatura* (1950), *La Sicilia, il suo cuore* (1952), *Pirandello e il pirandellismo* (1953). Le premier est un mince recueil d'exercices raffinés de récriture de fables ésopiennes où sarcastiquement est mise à nue la nature carnassière et trompeuse du pouvoir. Le deuxième est une plaquette de poèmes (illustrée par Emilio Greco), le troisième, un début de réflexion sur l'auteur des *Six personnages en quête d'auteur*.

## ROMANS ET NOUVELLES

En 1958, Sciascia publie trois récits : *Gli zii di Sicilia*. L'inspiration et le rythme de la narration y relèvent de la chronique, mais c'est aussi une entrée dans l'univers de la fiction. En 1961, paraît une seconde édition des *Zii* qui comporte un quatrième récit : *L'Antimonio*. 1961 est l'année de *Il Giorno della civetta* qui inaugure la série des policiers (en fait la manipulation du genre) : *A ciascuno il suo* (1966), *Il Contesto* (1971), *Todo modo* (1974).

En 1963 avait paru *Il Consiglio d'Egitto*, un roman historique dont l'action se situe à Palerme à la fin du XVIII^e siècle. Par-delà la classification en genres littéraires, il s'agit d'un texte d'une écriture particulièrement élaborée qui laisse filtrer une réflexion sur le sens de la culture et l'échec de l'action politique à l'intérieur de la tradition sicilienne. Le refus de la complaisance à l'égard de cette situation fait du *Conseil d'Egypte* un anti-Guépard.

En 1977, Sciascia publie *Candido*, un pamphlet, comme tous ses autres livres.

De 1973, date un recueil de nouvelles, *Il Mare color del vino*.

## THEATRE

En 1981, Sciascia déclarait : « Il y a beaucoup de dialogues dans ce que je fais et à un certain point j'ai senti le besoin d'écrire pour le théâtre. Mais je suis tombé sur le metteur en scène. Cette médiation dévastatrice (dévastatrice des textes) m'a terriblement impressionné, m'a détourné du théâtre. » De 1965 date *L'Onorevole*, une satire politique avec un final typiquement post-pirandellien, de 1969 *La Recitazione della controversia liparitana dedicata a A. D.* (Alexander Dubcek) où les événements de Prague 1968 servent à la relecture d'un épisode de l'histoire de la Sicile du XVII^e siècle.

En 1976, Sciascia a republié ces deux pièces en leur adjoignant le texte de *I Mafiosi* qu'il avait fait jouer précédemment, par le « Piccolo Teatro » de Milan notamment. La source en est une pièce en dialecte du

XIX$^{e}$ siècle, *I Mafiusi di la Vicaria*, que Sciascia transforme radicalement pour illustrer la façon dont la mafia double le cap de l'Unité italienne.

RECHERCHES HISTORIQUES

En 1964, Sciascia publie *Morte dell' inquisitore*, une recherche historique sur Fra Diego La Matina, de Racalmuto. Fra Diego est une victime de l'Inquisition qui a eu le courage d'assassiner un Grand Inquisiteur. Ce petit livre qui reprend le modèle, de *La Storia della colonna infame* de Manzoni, est le premier d'une série de faits divers historiquement significatifs que Sciascia s'est appliqué à reconstruire :

*Gli atti relativi alla morte di Raymond Roussel* (1971) : la mort de l'écrivain français à Palerme sous le fascisme.

*La Scomparsa di Majorana* (1975) : la fin mystérieuse d'un jeune et génial physicien en 1938. A-t-il eu peur de l'avenir de la science et vu à l'horizon de l'histoire de la physique la bombe d'Hiroshima ?

*I Pugnalatori* (1976) : une ignoble conspiration politique à Palerme au lendemain de l'Unité italienne. Sciascia la raconte en ayant présent à l'esprit l'attentat de Piazza Fontana à Milan, en 1969.

*L'Affaire Moro* (1978) : Sciascia cherche à retrouver le discours de Moro dans les jours qui ont précédé sa mort et qu'on a voulu étouffer. La seconde édition (1983) contient le rapport du député Leonardo Sciascia à la commission parlementaire d'enquête (*relazione di minoranza*).

*Dalle parti degli infedeli* (1979) : lettres d'un évêque persécuté par la démocratie chrétienne et le Saint-Office dans les années 50.

*Il Teatro della memoria* (1981) : une singulière histoire de reconnaissance pendant l'entre-deux-guerres.

*Cronachette* (1985) : de menus épisodes. Le dernier est consacré à Borges.

*La Strega e il Capitano* (1986) : une histoire de sorcière, au XVIIe siècle, en marge de l'œuvre de Manzoni.

ESSAIS

Sciascia a toujours soutenu — justement — que ses textes narratifs étaient aussi des essais. L'essai tout court est un genre où il excelle, comme l'attestent plusieurs volumes : *Pirandello e la Sicilia*, 2e éd. 1968 ; *La Corda pazza, scrittori e cose della Sicilia*, 1970 ; *Cruciverba* (1983) ; *Per un ritratto dello scrittore da giovane* (1985), construit sur les lettres de jeunesse inédites de G. A. Borgese. Une place à part revient à deux livres : *Nero su nero* (1979) et *Stendhal e la Sicilia* (1984). Le premier est un étonnant journal, « un livre-accordéon », disait Sciascia, alors qu'il travaillait à le mettre en ordre. Le second est une pièce importante à verser au dossier des rapports Sciascia-Stendhal.

A la pratique de l'essai — à une certaine façon d'être essayiste — on rattachera le livre *La Sentenza memorabile* de 1982.

*Occhio di capra* (1984), une recherche linguistique sur Racalmuto ne se rattache à rien puisque c'est à ce petit livre que nous apparaît comme attachée l'œuvre entière de Sciascia.

TRADUCTIONS

Sciascia est également traducteur. Au reste, la traduction est un des thèmes de son œuvre narrative. Mais traduire est aussi une façon de prendre position en s'emparant du texte d'un autre. La traduction de *La Velada en Benicarlò (La Veglia a Benicarlò)* de Manuel Azaña (1967), renvoie à son versant hispanique, *Le Procurateur de la Judée* d'Anatole France (*Il Procuratore della Giudea*) publié en 1980, au versant français.

ENTRETIENS

Trois recueils d'entretiens complètent cette bibliographie :

*La Sicilia come metafora*, intervista di Marcella Padovani (1979),

*Conversazione in una stanza chiusa*, avec Davide Lajolo (1981),

*La Palma va a Nord*, 1982, qui compte aussi des articles.

Les œuvres de Sciascia ont été publiées, pour la plupart, chez Einaudi à Turin à l'exception de :

— *Le Favole della dittatura*, publié chez Bardi à Rome (épuisé). Disponible dans la réédition de Sellerio (avec une note de Pasolini), 1981.

— *La Sicilia, il suo cuore*, publié également chez Bardi est épuisé.

— *Pirandello e il pirandellismo*, publié à Caltanissetta chez Sciascia est également épuisé. En revanche, chez le même éditeur est disponible *Pirandello e la Sicilia*.

— *Atti relativi alla morte di Raymond Roussel*, Edizioni Esse, Palerme, réédité chez Sellerio.

— Chez Sellerio, la jeune maison d'édition de Palerme à l'essor de laquelle Sciascia a fortement contribué, ont été publiés : *L'Affaire Moro, Dalle parti degli infedeli, Kermesse ; Il Procuratore della Giudea, Una sentenza memorabile, Stendhal e la Sicilia, Cronachette, Per un ritratto dello scrittore da giovane.*

— Chez Bompiani est en préparation une édition

de l'ensemble de l'œuvre, *La Strega e il Capitano.*

Les trois recueils d'entretiens ont été publiés respectivement :

— *La Sicilia come metafora,* chez Mondadori, à Milan.

— *Conversazione in una stanza chiusa,* chez Sperling & Kupfer, à Milan.

— *La Palma va a Nord,* Edizioni Quaderni Radicali 1980 et Gammalibri, Milan, 1982.

Les œuvres de Sciascia traduites en français ont paru dans l'ordre suivant :

*Le Jour de la chouette,* Flammarion, 1964.

*Les Oncles de Sicile,* Les Lettres nouvelles, Denoël, 1966.

*Le Conseil d'Egypte,* Les Lettres nouvelles, *id.*, 1966.

*A chacun son dû,* Les Lettres nouvelles, *id.*, 1967.

*Les Paroisses de Regalpetra* suivi de *Mort de l'inquisiteur, id.*, 1970.

*L'Evêque, le vice-roi et les Pois chiches, id.*, 1972.

(Traduction de la *Recitazione della controversia liparitana dedicata a A. D.)*

*Le Contexte, id.*, 1972.

*Le Cliquet de la folie, id.*, 1975.

(Traduction partielle de *La Corda pazza.)*

*La Mer couleur du vin, id.*, 1976.

*Todo modo, id.*, 1976.

*Les Poignardeurs* suivi de *La Disparition de Majorana, id.*, 1977 et GF Flammarion, 1984.

*Candide ou un rêve fait en Sicile, id.*, 1978.

*L'Affaire Moro,* Grasset, 1978. Le livre sort simultanément en édition française et en édition italienne.

*La Sicile comme métaphore,* Stock, 1979.

Le texte français, qui présente des différences par rapport au texte italien sort le premier.

*Les Fables de la dictature* suivi de *La Sicile, son cœur*, Pandora, Aix-en-Provence, 1980.

*Pirandello et la Sicile*, Grasset, 1980.

*Noir sur noir*, Les Lettres nouvelles/Maurice Nadeau, 1980.

*Le Théâtre de la mémoire*, Maurice Nadeau/Boreal, Express, 1984. Regroupe *Il Teatro della memoria* proprement dit et *La Sentenza memorabile.*

*Mots croisés*, Fayard, 1985.

*Stendhal et la Sicile*, Maurice Nadeau, 1985.

*Petite chronique*, Fayard, 1986.

*Œil de chèvre*, Fayard, 1986.

Une partie du petit dictionnaire de *Occhio di capra* a paru en français à la suite de photos de Ferdinando Scianna dans le volume *Les Siciliens*, chez Denoël en 1977. Préface de Dominique Fernandez.

*Eléments de bibliographie critique.*

*Principales monographies consacrées à Sciascia :*

Walter Mauro, *Sciascia*, La Nuova Italia, Firenze, 1970, 2^e^ éd., 1976. (Première synthèse, faite par un spécialiste de la littérature italienne méridionale contemporaine.)

Filippo Cilluffo, *Due scrittori siciliani*, Salvatore Sciascia, Caltanissetta, Roma, 1974. (La première partie du livre est consacrée à Brancati.)

Luigi Cattanei, *Leonardo Sciascia*, Le Monnier, Firenze, 1978. (Ce volume comporte, en appendice, une vingtaine de pages d'anthologie de la critique.)

Giovanna Jackson, *Leonardo Sciascia : 1956-1976, a thematic and structural study*, Longo Editore, Ravenna.

(A pour originalité d'être écrit en anglais et publié dans cette langue en Italie.)

Claude Ambroise, *Invito alla lettura di Leonardo Sciascia*, Mursia, Milano, 1974, 2e éd., 1978, 3e éd., 1983.

Chacun de ces auteurs traite du *Jour de la chouette* et, plus généralement, du problème du roman policier dans l'œuvre de Sciascia. Sur ce dernier thème on renverra également à Ulrich Schulz-Buschhaus, *Sciascias Beunruhigende Kriminalromane*, Italianische Studien, I, 1978.

Sandro Moraldo, *Leonardo Sciascia oder die Destruktion des Kriminalromans in « Il giorno della civetta »*, Neophilologus, vol. 67, n° 2, April 83.

Joann Cannon, *The detective fiction of Leonardo Sciascia*, in *Modern fiction studies*, vol. 29, Num. 3, Autumn 1983.

*L'Arc* a consacré son numéro 77 à Leonardo Sciascia.

# CHRONOLOGIE

**1921** : Naissance de Leonardo Sciascia à Racalmuto dans la province d'Agrigente en Sicile. Son père était comptable dans l'administration d'une mine de soufre. Son grand-père, lorsqu'il était enfant, avait travaillé au fond. Pirandello, fils d'un entrepreneur du soufre, était d'Agrigente. L'année où naît Leonardo Sciascia est celle des *Six personnages en quête d'auteur*.

**1941** : Sciascia trouve un emploi à l'*amasso del grano* (office du blé) à Racalmuto. « Une expérience et un observatoire importants pour moi, je venais du monde de la mine de soufre. Ce fut mon premier contact avec le monde paysan... J'écrivais beaucoup, pour moi. Je remplissais des cahiers de poésies, de fables, de critiques de film, de tous les films que je voyais. »

**1949** : Sciascia devient instituteur à Racalmuto. Il avait fait ses études secondaires à Caltanissetta. A Caltanissetta enseignait Vitaliano Brancati : « Brancati m'apparaissait comme la vivante incarnation du mythe de l'écrivain. »

**1956** : Publication des *Paroisses de Regalpetra :* « On a dit que *Les Paroisses de Regalpetra* contenaient tous les thèmes que j'ai développés, d'une façon ou d'une autre, dans d'autres livres. Et je l'ai dit moi aussi. »

**1961** : *Le Jour de la chouette :* roman policier et roman politique.

**1963** : *Le Conseil d'Egypte :* un roman historique à Palerme, au XVIII<sup>e</sup> siècle.

**1966** : *A chacun son dû.* Comme dans *Le Jour de la chouette,* Sciascia a recours à la forme du roman policier. Il y manifeste, déjà, son opposition à ce qui deviendra la politique du « compromis historique » entre le parti communiste et la démocratie chrétienne.

**1971** : *Le Contexte.* « Parodie » de la vie politique italienne à l'enseigne du « compromis historique » et « parodie » de la forme du roman policier.

**1974** : *Todo modo :* quatrième roman ayant une structure policière. Le pamphlet, cette fois, prend de plein fouet l'idéologie catholique.

**1975** : Sciascia est élu conseiller municipal à Palerme sur la liste du parti communiste italien.

**1977** : Sciascia se démet de son mandat : « Il m'a fallu dix-huit mois pour comprendre que le parti communiste n'avait aucune prédisposition à remplir le rôle d'opposant qui était le sien, au sein du conseil municipal. » Publication de *Candido :* de la même façon que *Todo modo* était un exercice spirituel visant à libérer l'auteur et ses lecteurs du catholicisme, ce nouveau roman est l'histoire d'une libération de la religion communiste.

**1978** : Mars-mai : enlèvement et assassinat d'Aldo Moro, numéro un de la démocratie chrétienne. Eté : Sciascia écrit *L'Affaire Moro :* « J'en suis arrivé maintenant à ne plus voir de frontière entre la littérature et la réalité. Le cas Moro c'est comme si on avait passé le mur du son, ça m'est apparu comme de la littérature. Une littérature qu'il fallait reconduire à la réalité, réinsérer dans le circuit... »

**1979** : Sciascia est élu à la chambre des députés sur les listes du parti radical (libertaire). Son mandat parlementaire sera essentiellement consacré aux travaux de la commission d'enquête sur l'enlèvement et la mort d'Aldo Moro.

**1982 :** *La Sentence mémorable.* C'est comme une introduction à l'essai *Des boyteux* de Montaigne : « ... on y trouve étincelante dans les ténèbres d'alors et de maintenant, et alors incroyablement risquée, mais laissée tombée avec une nonchalance adorable autant qu'incroyable, cette phrase que je considère comme appartenant à la libre pensée la plus sublime : *après tout c'est mettre ses conjectures à bien haut pris que d'en faire cuire un homme tout vif* ».

**1985 :** Sciascia publie *Cronachette,* chez Sellerio. C'est le centième volume de la collection *La Memoria* de l'éditeur palermitan. Le signe est évident : la mémoire, culturelle et historique, en même temps qu'autobiographique, indirecte, disséminée, est, aujourd'hui, l'horizon des textes de Sciascia.

# TABLE

## DERNIÈRES PARUTIONS

**ARISTOTE**
Petits Traités d'histoire naturelle (979)
Physique (887)

**AVERROÈS**
L'Intelligence et la pensée (974)
L'Islam et la raison (1132)

**BERKELEY**
Trois Dialogues entre Hylas et Philonous (990)

**BOÈCE**
Traités théologiques (876)

**CHÉNIER (Marie-Joseph)**
Théâtre (1128)

**COMMYNES**
Mémoires sur Charles VIII et l'Italie, livres VII et VIII (bilingue) (1093)

**DÉMOSTHÈNE**
Les Philippiques, suivi de ESCHINE, Contre Ctésiphon (1061)

**DESCARTES**
Discours de la méthode (1091)

**ESCHYLE**
L'Orestie (1125)

**EURIPIDE**
Théâtre complet I. Andromaque, Hécube, Les Troyennes, Le Cyclope (856)

**GALIEN**
Traités philosophiques et logiques (876)

**GOLDONI**
Le Café. Les Amoureux (bilingue) (1109)

**HEGEL**
Principes de la philosophie du droit (664)

**HÉRACLITE**
Fragments (1097)

**HERDER**
Histoire et cultures (1056)

**HIPPOCRATE**
L'Art de la médecine (838)

**HUME**
Essais esthétiques (1096)

**IDRÎSÎ**
La Première Géographie de l'Occident (1069)

**JAMES**
Daisy Miller (bilingue) (1146)
L'Espèce particulière et autres nouvelles (996)
Le Tollé (1150)

**KANT**
Critique de la faculté de juger (1088)
Critique de la raison pure (1142)

**LEIBNIZ**
Discours de métaphysique (1028)

**LEOPOLD**
Almanach d'un comté des sables (1060)

**LONG & SEDLEY**
Les Philosophes hellénistiques (641-643, 3 vol. sous coffret 1147)

**LORRIS**
Le Roman de la Rose (bilingue) (1003)

**MONTAIGNE**
Apologie de Raymond Sebond (1054)

**MUSSET**
Poésies nouvelles (1067)

**NIETZSCHE**
Par-delà bien et mal (1057)

**PLATON**
Alcibiade (988)
Apologie de Socrate. Criton (848)
Le Banquet (987)
La République (653)

**PLINE LE JEUNE**
Lettres, livres I à X (1129)

**PLOTIN**
Traités (1155)

**POUCHKINE**
Boris Godounov. Théâtre complet (1055)

**PROUST**
Écrits sur l'art (1053)

**RIVAS**
Don Alvaro ou la Force du destin (bilingue) (1130)

**RODENBACH**
Bruges-la-Morte (1011)

**ROUSSEAU**
Dialogues. Le Lévite d'Éphraïm (1021)
Du contrat social (1058)

**SAND**
Histoire de ma vie (1139-1140)

**MME DE STAËL**
Delphine (1099-1100)

**TITE-LIVE**
Histoire romaine. Les Progrès de l'hégémonie romaine (1005-1035)

**TRAKL**
Poèmes I et II (bilingue) (1104-1105)

**THOMAS D'AQUIN**
Somme contre les Gentils (1045-1048, 4 vol. sous coffret 1049)

**MIGUEL TORGA**
La Création du monde (1042)

**WILDE**
Le Portrait de Mr. W.H. (1007)

**WITTGENSTEIN**
Remarques mêlées (815)

GF Flammarion

11/06/165486-VI-2011 – Impr. MAURY Imprimeur, 45330 Malesherbes.
N° d'édition L.01EHPNFG0461.C008. – Septembre 1986. – Printed in France.